観客を惹きこむ インビジブルインクの法則

ブライアン・マクドナルド

Born Digital, Inc.

序文

本書は、私が初めて最後まで読みたいと思った、脚本構成に関する書籍です。どういうわけか、私は構成本と距離を置いてきました。自信に満ちた語り口が癇に障りそうで、手が伸びなかったのだと思います。私の脚本は、私を喜ばせたり溺れさせたりする感情の波に乗るがまま、ほとんど偶発的に構成を決めている風を装ってきました。そんな私が本書を好きなのは、温かく迎えてくれるから、ストーブに少しくらい触れたくらいでは火傷をしないことを教えてくれるから、それに「市民ケーン」、「チャイナタウン」、「カサブランカ」に登場する威圧的なモデルたちのように私を笑い者にしないからです。

ブライアン・マクドナルドは、その旺盛な好奇心からさまざまな点に言及し、思いがけない文筆業の原点に到達します。そこは、子供時代を経験した度胸ある人なら誰でも登れるところです。不気味なほどにはっきりしているのは、私たちは心安くそこに合流できるということです。それはエンターテインメント性が高いからだけではありません。彼が挙げる例のおかげで、イソップ、童謡、おとぎ話、漫画、カートゥーン、聖書、劇場、人類学的発見、バージョーク、ビリー・ワイルダー、シェイクスピア、スピルバーグ、ピクサー、「オズの魔法使い」、古代アフリカの格言、ジョー・ガピーとマット・スミスという代えがきかない2人など、多様な実のなる果樹園のガイドツアーに参加して、たわわに実った木に安心してエプロンを広げられるからです。この本は、我々物書きにとって一生ものの良書です。

シンプルで、率直で、わかりやすい著者の英知が、私たちの脚本家生命を救ってくれることでしょう。

スチュワート・スターン（「理由なき反抗」の脚本家）

謝辞

かつての教え子ヘザー、本書の執筆を熱心に勧めてくれて本当にありがとう。執筆中の私を励ましてくれたパットにもお礼を言いたいです。マイケル、出版されないうちから本書のファンでいてくれて嬉しかったですよ。いつも元気に応援してくれたウェイノにも感謝しています。

本を書いた教師は誰しも生徒に感謝するものですが、私も例外ではありません。私は自分の持つ技術を、ほかでもない教え子たちから教わりました。どんな立派な教師も彼らには及ばないでしょう。

大小さまざまな功績を共に喜んでくれた家族にも感謝します。

最後に、大変な時期をともに乗り越えてくれた愛するヘザーに心からの感謝を捧げます。

友であり、同士であり、教師であり、作家でもあるスコット・トルソンに捧ぐ。

第1幕で銃を登場させたら、第3幕ではそれを使わなければならない

――アントン・チェーホフ

第3幕で何かおかしな点があるとしたら、本当の問題は第1幕にある

――ビリー・ワイルダー

もくじ

3章

4章

5章

6章

1章

インビジブルインクとは?

インビジブルインクとは？

「すべてのアートには、より卓越したアートが隠れているものだ」
――パーシヴァル・ワイルド

私の友人が、人類学の授業でこんな話を聞いたそうです。ある人類学者が、ほとんど文明に接してこなかった部族と生活していました。この文明から取り残された人々に、現代技術のすばらしさを伝えようと、その人類学者は首長夫妻の写真を撮りました。しかし現像した写真を見た首長は、黒、白、グレーが乱雑に分布した画像を目にしても、自分の姿だとは認識しません。2次元の画像から、3次元の形状に変換する術を知らないのです。ところがその首長は、わずかな領域の草地を見ただけで、どんな動物が、どのくらい前にそこを通ったのかをやすやすと言い当てました。私たちが写真を見て自分の姿を認識するのと同じくらい、彼にとっては簡単なことです。

ストーリーの構成も同じようなことです。見るべきものがわかっていれば、簡単に見つけられます。そうでなければ見えないものです。

ストーリーを評価するときには、台詞について語られることが多いものです。映画の「脚本」も、議論の中心になるのはたいてい台詞です。書籍のレビューの場合には、たいていは言葉をどう文章にしたか、つまり文体の巧みさが重視されます。

またシェイクスピアの作品について語るときも、必ずと言ってよいほど巧みに紡がれた言葉が話題の中心です。

これらはすべて、私が呼ぶところの「ビジブルインク」です。ビジブルインクとは、書かれた言葉のうち、容易に「見える」部分のことです。多くの読者や鑑賞者は、ストーリーテラーの仕事をページ上の言葉を書くことだけだと誤解しています。

しかし、それだけではありません。起きるできごとの順序、語り手のメッセージを伝えるために欠かせないできごと、キャラクターがとる行動の理由といったもの、すべてを考えるのがストーリーテラーの仕事です。

これが「インビジブルインク」です。そう呼ぶのは、読者や鑑賞者にとって、簡単には見えないことだからです。「インビジブルインク」がストーリーに与える影響は、絶大です。ストーリーそのものとも言えるでしょう。インビジブルインクは言葉の表層からは隠れているため、大半の人は目で見たり、はっきり気付いたりすることがありません。ただ、感じるのです。インビジブルインクの使い方を学べば、作品は洗練され、プロらしくなります。また、観客にも大いに印象を与えられます。

本書では、実際にストーリーを構成する要素をどう理解し、どう自身の作品に応用すればよいかを説明します。よく知っているストーリーでも、これまでとはまったく違う観点で、秘められた構造や要素が見えてくるはずです。

本書を読み終える頃には、草地に残された足跡を見分けられるでしょう。

2章

ストーリー向上のための簡単な７ステップ

むかしむかし…
毎日…
ある日…
そうして
そうして
そしてついに…
以来ずっと…

ストーリー向上のための簡単な7ステップ

ストーリーは複雑ではありません。それどころかシンプルです。しかし、すべてのシンプルなものがそうであるように、作成するのは困難です。言葉遊びのように聞こえるかもしれませんが、まあ最後まで話を聞いてください。

もっと複雑にしなければと考えると、なかなか筆が進まなくなります。複雑にすればストーリーが向上すると思いがちですが、決してそうではありません。混乱を招くだけです。

「余計なものはない方がよい」とはよく言われますが、それはあまり作品に反映されていないようです。これから、どんな物語でも作り出せる7ステップを紹介します。私にこれを教えてくれたのは、マット・スミスという作家兼教師でした。彼はジョー・ガピーという男性から教わったそうです。そして今度は、私が皆さんに教えを広めたいと思います。

７ステップ

1. むかしむかし
2. 毎日
3. ある日
4. そうして
5. そうして
6. そしてついに
7. 以来ずっと

この７ステップは一種のインビジブルインクです。皆さんならきっと理解できるはずです。だって筋が通っているでしょう？　なぜ今まで知らなかったか？　いいえ、知らなかったのではありません。もっと複雑だろうと思い違いをしていただけです。

むかしむかし…

三幕構成について書かれた本はいくつもあるので、ここでは7ステップをテンプレートとして手短に説明します。

最初の2つのステップ、「むかしむかし」と「毎日」を見てみましょう。これは第1幕です。その目的は、後に続くストーリーを理解するうえで必要な情報を観客に伝えることです。

伝説の映画制作者であるビリー・ワイルダーは、第1幕の重要性についてこう語っています。「第3幕で何かおかしな点があるとしたら、本当の問題は第1幕にある」容易に想像できるように、ジョークは、第1幕のセットアップがとても重要です。ジョークがうけないときは、セットアップで重要な情報を伝え忘れたためにオチがつかなくなっている可能性があります。ジョークはまだセットアップの段階にあり、オチを言っているようには見えないのです。

ジョークと同じように、ストーリーのセットアップでは、ストーリーを理解するために必要なすべての情報を観客に伝えなければなりません。

観客はどんなことを知っておく必要があるのか？　子供の頃に読んだ童話を思い出してください。

むかしむかし、森の家で3匹のくまが暮らしていました。お母さんぐま、お父さんぐま、それに赤ちゃんぐまです。みんなでおかゆを食べていました。赤ちゃんぐまは小さいお椀、お母さんぐまは中くらいのお椀、お父さんぐまは大きいお椀です。

この文章からいくつかのことがわかります。まず、3匹のくまがいます。メインのキャラクターが最低3匹いて、その関係もはっきりしています。そして、くまたちが人間のように行動することもわかりました。この情報は重要です。くまが動物として振舞うストーリーもあり得るからです。

ストーリーを作るときは、ストーリーのリアリティ、つまりあなたの描く世界を観客に知ってもらわねばなりません。

「アヒルがバーに入ってきて、ラムコークを注文しました」

このジョークを成立させるには、メインのキャラクターを設定し、リアリティを伝えておく必要があります。ジョークの第一声が「アヒルがバーに入ってくる」では、誰も面白がってくれません。アヒルの行動を額面通りに受け取るはずです。しゃべるアヒルが何者であるか、ただちに観客に知らせる必要があります。

「レイダース／失われたアーク《聖櫃》」のオープニングは、そのエキサイティングなシーンゆえによく話題に上ります。しかしそれだけではありません。ストーリーの冒頭で起きる数々の幻想的な出来事が、その世界を垣間見せています。リアリティの高まりから、ベトナム戦争後を生き抜く兵士の話ではないことは明らかです。１９３６年を舞台とするファンタジーであり、この世界の考古学者は土器掘りに終わりません。またフェドーラ帽の男性は、ムチを操るやり手です。怖いもの知らずなうえに、頭も切れるようです。予想外のことが起きようと、間一髪で切り抜けます。

インディアナ・ジョーンズの宿敵であるベロックの登場では、彼が非情な金目当ての考古学者であることがわかります。彼の手下は、貴重な秘宝のためなら何でもやります。

また、インディアナ・ジョーンズはヘビが苦手なこともわかります。彼は完全無欠なスーパーマンではありません。

このことは別の状況を浮き彫りにします。万能ではないという事実が、彼のある特徴を明らかにします。インディアナ・ジョーンズはやり手かもしれないが、魔法は使えないということです。魔法が普通であるリアリティもありますが、この映画はそうではありません。スピルバーグ監督の作品には、お粗末な第1幕が大失敗につながった例もあります。1980年代半ば、スティーブン・スピルバーグは「世にも不思議なアメージング・ストーリー」というテレビ番組を制作しました。「最後のミッション」というエピソードでは、スピルバーグは監督も手掛けました。

ストーリーの舞台は、第二次世界大戦中のB-17爆撃機です。B-17には10名の兵士が乗っています。兵士の1人は下から攻撃を受けたときに機関銃を撃てるよう、機体下部のプレキシガラスに覆われた砲塔の中にいます。

このストーリーで砲手は、似顔絵を描いて仲間を楽しませる、才能豊かで感じのよい男性です。夢はウォルト・ディズニー・スタジオで働くことです。

出撃した爆撃機は、敵の攻撃でひどい損傷を受けました。砲手が砲塔から機体本体に這い出ようとしたとき、損傷が原因で機体下部に閉じ込められてしまったことに気付きます。

仲間が彼を助け出そうと試みるもうまくいきません。でも大丈夫。着陸すれば彼を外に出してあげられるから。ところがその後、着陸装置が壊れていることがわかります。車輪が出てこなければ胴体着陸しかなく、砲手は押しつぶされて死んでしまいます。

仲間たちはあらゆる手を尽くして彼を助けようとしますが、すべて失敗に終わります。

彼の死は避けられないと判断した基地は、着陸の場に神父を呼びます。

砲手は死ぬ以外にないという事実が、苦痛をもって明らかになっていきます。仲間たちは別れを告げるため、小さい開口部の上に手を乗せます。涙を流しながら砲手の頭をさすったり、手を握ったりします。

砲手の知らないところで、着陸時に苦しまないですむよう彼を射殺することが決められました。

ゆっくりと、仲間の1人が銃を抜き、無防備な友の頭の方へ向けます。

哀れな砲手は、「ウォルト・ディズニー・スタジオで働くんだから死んじゃいられない」と泣きながらつぶやいています。

銃が彼の頭に近付くなか、彼はせっせとB-17の絵を描きます。何かに取り付かれたかのように、機体の下に大きい車輪が出ている漫画を描いています。

滑走路が近付き、パイロットは最後にもう一度着陸装置を作動させます。すると目の前の計器が、車輪が出たことを示します。

実際の機体の下から、大きく誇張して描かれた漫画のような車輪が出てきたのです。風船を引っ張ったときのような音を立て、タイヤパッチも付いています。この漫画のような車輪を使って機体は着陸し、砲手は助かります。

この番組が放送された夜、一緒に番組を見ようと友人たちが私のところに集まっていました。放送中、私たちは画面にくぎ付けでした。一体どうやってこの窮地を脱するのかで頭がいっぱいでした。画面の中の緊張感とハラハラ感が、手に取るように感じられました。

漫画のような車輪で機体が着陸したとき、私たちは全員苦笑いでした。アメリカ中がそうだったようです。

このエピソードが放送されたとき、視聴者は言葉にできないほど失望しました。翌日、同僚たちが文句を言っていたのを覚えています。エピソード全体がひどい出来だというのが彼らの感想でした。

スピルバーグは、漫画のタイヤが窮地から救ってくれるというリアリティをセットアップしていませんでした。たとえば「ロジャー・ラビット」などの作品なら、こうしたことが起こっても不自然ではないでしょう。

ストーリーの前半はとても良く描かれていたので、視聴者は悲惨な結末を信じて疑いませんでした。ストーリーとその世界に没入していた視聴者にとって、漫画のようなタイヤはどこか見知らぬ世界から現れたようにしか思えなかったのです。

「第3幕で何かおかしな点があるとしたら、本当の問題は第1幕にある」とビリー・ワイルダーが述べているように、「むかしむかし」はストーリーが展開するリアリティを設定したり、主なキャラクターを紹介したりする場でなければなりません。

「毎日…」でセットアップしたリアリティを支え、パターンを確立します。次の「ある日」で、そのパターンを壊します。

ある日…

インサイティング・インシデント（引き金となる出来事）が起こります。このインサイティング・インシデントが、真のストーリーの始まりです。浮気をする男女についてのストーリーであれば、それは2人の出会いかもしれません。2人がすでに出会っているのであれば、それは初めて関係を持つときでしょう。

この段階では対立が始まると言う人もいますが、必ずしもそうではありません。漫画家であり編集者でもあるジム・シューターは、第2幕は対立または機会で始まると述べています。たとえば、家賃が払えないほど貧しい若い女性について描いた第1幕は、彼女が１００万ドルを見つけたところで終わることがあります。

このステップは、幕あい、プロットポイント、ターニングポイントなど、さまざまな呼び名で呼ばれます。私は「幕あい」という呼び方が好きですが、それはこの用語が、幕が文字通り幕と幕の間に下りる演劇に由来しているからです。劇場では、間あいの後観客に戻って来てもらわねばならないため、ピークを迎えたところ、つまり最も絶望的な状況のときに幕が閉じる必要があります。私の場合、物理的な幕があると想像すると、忘れずに事態を悪化させることができます。

コメディ作家のジーン・ペレットは著書「Comedy Writing Step by Step」で、これを「あららファク

ある日…

ター」と呼んでいます。うまく構成されたスケッチコメディでは、キャラクターや状況を定めた後で、リアクションを必要とする出来事が起こります。彼は例として古い「キャロル・バーネット・ショー」を挙げています。キャロルが演じるのは、昼メロ中毒で入院していた精神科病棟から出たばかりの女性です。彼女は完治したと主張し、「ブルースとワンダが結婚しようがしまいがどうでもいいわ」と言いますが、友人から「ブルースは死んだわよ」と返されてしまいます。ペレットの説明によると、目を見開いた彼女を見て、視聴者はこう思うそうです。「あらら、彼女は昼メロ中毒に逆戻りね。」

戯曲にも「あららの瞬間」があります。シェイクスピアの「リア王」では、老王は3人の娘のうち、彼を最も愛していることを証明した1人に全財産を譲ることを約束します。これこそが「あららの瞬間」でしょう。

こうした瞬間が起きた後で鑑賞をやめられる人はまずいません。

そうして

ここからは第2幕です。最初の「幕」が下りたときが、第1幕の終わりです。第1幕の結果、どんなことが起きるのかを探ります。すべてのことに原因と結果があるからです。第1幕でキャラクターが手術不可能な癌を患っていたら、第2幕ではその病魔にどう対処するかを描きます。病を拒絶する？　あきらめ、横たわり、死を待つ？　それとも闘う？　少しでも長く生きようと、あらゆる治療を試す？　これまでの人生を問い、死ぬ前に何か価値のあることをやろうとする？

彼が何をするにせよ、第1幕のインサイティング・インシデントに対する反応でなければなりません。

そうして

第2幕は最も長く、ストーリーの主部を構成します。たいてい2つに分割され、私はこの分かれ目を支点と呼ぶことにしています。第2幕はとても長いので、観客を集中させておくのが困難ですが、半分に分割すると効果的です。

ビリー・ワイルダーの古典的なフィルム・ノワール「深夜の告白」では、女性とその愛人が保険金目当てで女性の夫を殺害することを決断します。第2幕の前半で、彼らは殺人を計画します。支点で計画を実行し、第2幕の後半では何とか逃げ切ろうとする姿が描かれます。

癌を患ったキャラクターの例に戻りましょう。癌と診断され、自分を大切に思ってくれている人たちを遠ざけるようになります。しかし支点で、彼に生きたいと思わせる出来事が起こります。そして彼は、何としてでも治療法を見つけようとします。

そしてついに…

いよいよ第3幕です。第3幕の幕が「上がる」ときが、ストーリーの終盤の始まりです。たとえば刑事ドラマでは、謎の事件を解決する手掛かりが見つかったり、刑事が犯人を尾行したりします。このできごとが何であれ、ここからクライマックスへと向かっていきます。

癌患者であれば、運命に従い、迫り来る死を受け入れるでしょう。難しい治療法を探すのはやめて、残された時間を家族や友人と大切に過ごします。

以来ずっと…

クライマックスの後には、結末と呼ばれる1～2つの短いシーンが続きます。「それからずっと幸せに暮らしました」が最も馴染みのある結末でしょう。クライマックスの後はあまり詳しく踏み込まず、主人公の人生がその後どうなるかを示唆する程度にします。

不幸にも癌を患った例では、患者はおそらく亡くなります。しかし、死に立ち向かった彼の勇気は残された人々に受け継がれていくかもしれませんし、彼は自分の作品を通じて生き続けるかもしれません。または、彼の死によって長く続いたライバル関係が終結し、和解が実現することもあるでしょう。

各ステップの名称を、間に余白を残して書き出してください。次にこのステップを使って、簡単なストーリーをいくつか書きます。なるべくシンプルなストーリーにしましょう。

出来上がったものは、一見するとストーリーに見えますが、何かが足りない気がするはずです。何となく奥深さがありません。しかし、それは重要でないので忘れてください。ポイントをつく、それだけで十分です。

3章

骨組み
ジョークの練習
アイデアのドラマ化とは
「棒の束」
テーマは論理に勝る
クローンの使用

骨組み

賢者は、話すべきことがあるから口を開く。愚者は、話さずにはいられないから口を開く。
―作者不詳（プラトンの言葉という説もあり）

人はなぜストーリーを語るのでしょうか？　記憶に残るストーリーは、何かを教えてくれます。この教えるというのが、ストーリーを語る主な理由だと私は信じています。

たとえば、次のような事実を考えてみましょう。地球上のあらゆる文化は音楽とストーリーを持っています。

言語学者によると、人類が言葉を話すようになったのは、鳥が飛ぶのを覚えたようなものだそうです。話すことは私たち人間の中に組み込まれています。つまり、人であることの一部です。

ストーリーもこの種に属すると考えると筋が通ります。ストーリーは私たちの一部です。以前、記憶に関する専門家がテレビ番組で、協力者に膨大な物のリストを記憶させていました。もちろん、これは簡単ではありません。次に、それらの物をでたらめにつなぎ合わせただけのストーリーを話します。すると、協力者はリストされた物を簡単に思い出すことができました。私たちの脳は、情報をこのような方法で維持しているのでしょう。

オーストラリアの先住民族のアボリジニの人々は、道に迷ったときに歌やストーリーを使うそうです。これらの歌には、地図のような情報が含まれていて、歌の歌詞さえ覚えておけば、不慣れな地域で水を探しているときでも、その地域の歌を歌うことで水場に行けるというわけです。このような生死に関わるもの以外にも、ストーリーは生き方についてさまざまなことを教えてくれます。

アフリカに伝わるストーリーとして、黒人の奴隷商人がイギリス人に同胞を奴隷として売り渡す話があります。ある晩、大勢の奴隷を捕獲できたことをイギリス人とラム酒で祝っていた黒人商人がいました。飲みすぎた商人はそのまま酔い潰れてしまい、翌朝目を覚ますと、彼自身が奴隷として売り渡した同胞たちと一緒に奴隷船の船底に鎖でつながれていました。

これは、裏切り行為は高い代償を払うことになる、ということを聞き手に教える訓戒的な話です。

ブルーノ・ベッテルハイムの著書「昔話の魔力」によると、伝統的なヒンズー教の医療では、ストーリーを聞かせて患者に考えさせるそうです。英雄たちの失敗や勝利などのストーリーを通して、患者は自分自身が抱える問題にどう向き合い、解決していけばよいのかを学びます。

縁のない世界のように感じるかもしれませんが、現代の西洋文化においてもこの手法は使用されています。アルコール依存症患者の自助グループや12ステップの依存症回復プログラムなどのように、人々は自身のストーリーを共有することで助け合っています。このストーリーを共有するという単純な行動には、癒しの効果があります。苦しんでいるのは自分だけではないこと、依存症と戦いながら生きている人はほかにもいることを発見できます。また、以前の破滅的なパターンに戻らないためには、どんな行動に注意すればよいかも学べます。つまり、ストーリーは生き方を教えてくれるのです。

次にミダス王の話を見てみましょう。彼はとても欲張りで、触れたものがすべて黄金に変わることを望みます。しかし、愛する娘に触れて、彼女が黄金になってしまったことで、自分の欲深さを後悔します。このストーリーは、お金よりも重要なものがあることを教えてくれます。アボリジニの歌のように、このストーリーも生きるための道しるべなのです。

聖書もしかりです。単に規則をリストしただけでもよいはずですが、ストーリーに仕立てられています。ストーリーは人の心に響きます。リストしただけではそんな効果は出ません。

人々に自分の信念を曲げないように説きたいときは、ヨブの話をしましょう。ヨブは、悪魔からどんなことをされても神を見捨てず、最後には報われます。

どんな困難にも立ち向かう力を持って欲しいときは、ダビデとゴリアテの話をしましょう。

人々にうぬぼれないように説きたいときは、己の力を過信して天に届く塔を建造しようとしたニムロド王の話をしましょう。神が全労働者にそれぞれ異なる言語を与え、互いにコミュニケーションを取れなくしたとき、ニムロド王は自分の身の程を思い知ります。

ギリシャやローマにも、似たような話があります。またどの宗教も、ストーリーが強力なフックになることをずっと昔から理解していました。では、心に強く残るストーリーがある一方、すぐに忘れてしまうストーリーもあるのはなぜでしょうか？　首長と人類学者について話したのを覚えていますか？もちろん覚えていますよね。なぜでしょうか？　それは、そのストーリーを語る理由、つまり目的が私にあったからです。目的を持ったストーリーは、人々の心に残ります。「賢者は、話すべきことがあるから口を開く。愚者は、話さずにはいられないから口を開く」という格言を思い出してください。これは、ストーリーの構築にもあてはまります。

私は仕事で特殊メイクの部屋にも行くので、彫刻家の知り合いが何人かいます。彼らは粘土で彫刻を始めるとき、まず骨格となる骨組みを作ります。これなしでは彫刻の形状を保てないからです。最初のうちはよくても、すぐに崩れてしまいます。アート好きは彫刻を眺めるとき、その構造を支える骨組みを見ることもなければ、考えることすらしません。骨組みは見えないものの、彫刻の外観と同じように欠かせない部分です。

何を書き出すときも、この骨組みの構築は欠かせません。我々ストーリーの作り手にとって、骨組みとはストーリーを支えるアイデアになります。これはテーマとも呼べますが、テーマという言葉だけでは十分な意図が伝わらず、混乱を招くことがあります。教えているとわかりますが、テーマと言うと、多くの生徒が古くさい考え方にとらわれてしまうようです。

では、ストーリー作りにおける**骨組み**とは何なのでしょうか？　それは、作品を通じて自分が言いたいことです。あるとき友人が、自分の脚本のシーンをプロデューサーが変えようとしていると文句を言っていました。彼は、テーマとは何の関係もない部分を変更されることに腹を立てていました。彼が言うに「テーマは競争で、その変更は競争とはまったく関係ない！」とのこと。そのとき何も言わない私に、彼は少し困惑していました。「結婚とは言葉じゃなくて宣告だ」という結婚に関する古いジョークがありますが、テーマも同じです。私の友人は、競争をどう思うかについて何も言っていませんでした。「競争」はテーマではありません。テーマ（または骨組み）にしたいのであれば、「競争も時には必要悪である」「競争は自己破壊を招く」などとする必要があります。テーマが競争だと言うのは、テーマは「赤」だと言っているのと同じです。つまり、実際には何も言っていないのです。

骨組みは、子供向けの寓話に見られる「道徳」のようなものとも考えられます。骨組みとは、自分の言いたいことです。ストーリーは、そのメッセージの周りに形成されていきます。

ミダス王の話では、ストーリーテラーは、この世にはお金より重要なものがあるということを人々に説きたいと考えました。このケースでは、作家としての仕事はどのようなものでしょうか？　まず、欲張りなキャラクターを登場させます。次に、キャラクターが欲しがっているものを手に入れる状況をセットアップする必要があります。それから、キャラクターが自身の欲深さを後悔するような状況にもっていきます。このストーリーのすべての部分は、作者の言いたいことを伝えるために語られます。ストーリーの構築はこうでなければなりません。

このテーマの定義が単純すぎると感じる方もいるでしょう。「そんな単純にすべきではない」と思うかもしれませんが、そんなことはありません。また、説教臭くなりすぎないかと気にする方もいるようです。説教くさくなったり、押し付けがましくなるのではと心配する生徒はこれまで大勢いました。ところが、明確さに欠けていたり、言いたいことが伝わっていないことを気にする生徒はいませんでした。

言いたいことを伝えるには、自分が何を言いたいのかを理解しておかねばなりません。当然のことに思えるかもしれませんが、たいていの作家は、自分が言いたいことがわかっていません。彼らの多くは、今まで誰も言わなかったことを深く掘り下げて伝えたいと思っていますが、自分でもそれが何なのかわかっていないのです。また、1つのストーリーで何千ものことを伝えようとする作家もいます。語りすぎると何も伝わらないということも知らずにね。

私は以前に、アニメーション監督のチャック・ジョーンズが若い動物と成熟した動物の違いについて語ったインタビュー記事を読んだことがあります。彼の観察によれば、子犬は簡単なことをするのにも過度なエネルギーを使用するそうです。私たちも若い哺乳類と聞くと、締りのない動きを連想しますよね。一方、成熟した動物は無駄な動きをしません。獲物を捕獲するとき、子猫はぎこちなく動きますが、大人の猫は正確に動きます。これは、作家にも通じるところがあります。経験やスキルに長けていない作家は、複雑であるほど良いと考えがちです。しかし、このような作家が書いた作品は子猫のようにぎこちなく、焦点が定まらないものになります。成熟した作家のようになりたければ、正確でなければなりません。

「伝えたいことを伝える」「伝える」「伝えたことを繰り返す」、これらはスピーチを行う人に対して昔からよく使われてきたアドバイスです。ストーリーテラーにもこのアドバイスは効果的です。実際、これら3つのアドバイスは3幕構成を表しています。では、どうすればこれらを実践できるのでしょうか？　骨組みはどう組み立てればよいのでしょうか？

まず、どこに向かっているのかを把握しないと、目標には到達できません。そして、観客にも目標を知らせる必要があります。ストーリーの骨組み、つまりアイデアの土台となるものを示すのです。方法の1つとして、ストーリーで伝えたいことをキャラクターに声高に語らせるやり方があります。

映画「E.T.」で、母親を傷付けるようなことを言ったエリオットが、その無神経さに腹を立てた兄から「いつになったら他人の気持ちを思いやれるようになるんだ？」と怒鳴られるシーンがあります。その後、エリオットはE.T. と出会います。そして、最初に起こる現象は、E.T. が眠くなればエリオットも眠くなり、E.T. が空腹になればエリオットも空腹になり、E.T. がビールを飲めばエリオットも酔っ払うというものでした。

その後、兄にE.T. を紹介するシーンでは、エリオットが「うちにかくまう」と言います。E.T. が何を望んでいるかなどお構いなしです。しかし、エリオットは徐々に他者に感情移入できるようになります。理科のクラスで解剖される前に蛙を逃がすシーンでは、このことが顕著に表われています。映画の終盤では、エリオットは「ほかの人がどう感じるか」を考えられるようになり、友達を失う寂しさを乗り越えてE.T.を故郷に帰す決断をします。つまりこの映画は、ストーリーの冒頭でエリオットの兄が語った台詞を土台として構築されているのです。

「アイアン・ジャイアント」は、ブラッド・バード監督の傑作アニメーション映画です。表面的には、この映画は多くの点で「E.T.」と共通しています。宇宙から来た者（この映画の場合は巨大なロボット）と少年が友達になるという話で、「E.T.」と同じように、政府が地球外生物を探しています。では「E.T.」と何が違うのでしょうか？　それは骨組みです。実際、これら2つの映画を比較する人はほとんどいないようです。それぞれ言いたいことが違うので、表面的に似ているかどうかはあまり重要ではありません。

「アイアン・ジャイアント」では、ロボットは地球にやって来たときにダメージを受けます。少年と友人になった後、ロボットは自分が大量破壊兵器として作られていたことを思い出します。実際、もう少しで少年を消してしまいそうになります。ここでロボットは、自分自身の矛盾に直面します。プログラムされた通りに行動すべきか（運命）、それを乗り越えるべきか？　バード監督がこの作品を売り込むとき、「仮に銃に良心があり、もう銃でいたくないと言い出したらどうしますか？」と話しているのを聞いて私は納得しました。これが彼のストーリーの骨組みなのです。映画の中では、「お前は自分がなりたいものになるんだ」という台詞で表現されています。

「メリーに首ったけ」の成功は、ハリウッドにセクシー・ラブ・コメディ旋風を巻き起こしました。ファレリー兄弟はほかにも過激なコメディを作っていますが、どうしてこの映画だけが大ヒットし、大勢の人に愛されたのでしょうか？　私もこの映画が気に入って、3回も映画館に出掛けました。私を知っている人ならご存知のように、私は映画に関しては選り好みします。実際、気取ったコメディは好きではありません。では、なぜこの映画を好きになったのでしょうか？　骨組みがあるからです。

観客は、ストーリーのジャンルにはあまり関心がありません。心を動かされたいと望んでいるだけです。そうした観客の望みを次から次へと叶えてくれるのが、骨組みがしっかりしたストーリーです。

「メリーに首ったけ」でベン・スティラーが演じるキャラクターは、メリーにも自分自身にも不誠実な男です。ストーカーのような存在で、彼自身がそうと気付くまで、彼はメリーにふさわしい男ではありません。

ジェームス・キャメロン監督の「ターミネーター」は、表面上はもろい骨組みしかないように見えますが、実はとても深いメッセージが潜んでいます。サラ・コナーという女性は、ストレスが多い、また低賃金のバーガーショップで働く、20世紀ではごく普通の女性です。映画の第1幕で、特にひどい1日を送っていたサラは、「こう思えばいいのよ、100年後には皆忘れているんだから」と同僚から言われます。

そして、この時点でサラの人生は大きく変わろうとしていました。スカイネット（未来の地球を支配するコンピューター）にとって脅威となる息子を産むことになる彼女を殺すため、未来からロボットが送られていたのです。映画の中で、彼女は人類史上最も重要な人物として描かれます。どう見ても平凡な生活を送っているようにしか見えない彼女ですが、１００年後には全人類が彼女を称えるようになります。

これは「素晴らしき哉、人生！」で、自分が生まれていなくても世の中はほとんど変わらないとジョージ・ベイリーが思うのに似ています。ご存知のように、彼は後に、自分が周囲の人だけでなく、彼が一度も会ったことのない人にも大きな影響を与えていることを知ります。

これら2つの映画には、一見するとまったく共通点がないように見えますが、「誰も平凡な日々の大切さをわかっていない」という骨組みは同じなのです。

どちらもオーバーなファンタジー映画ですが、この骨組みは普通のドラマにも適用できます。また、骨組みを台詞として声高に言わせることもできます。「クレイマー、クレイマー」は、ダスティン・ホフマンの妻ジョアンナを演じるメリル・ストリープが夫と息子を残して家を出るという内容の映画ですが、ダスティン演じるテッドが近所の人と話すシーンで、「ジョアンナは勇気がある」と言われます。それに対して彼は、「自分の息子を捨てて出て行くのにどれほどの勇気がいるんだ？」と返します。映画の最後では、この質問の答えがテッドだけでなく観客にもわかります。具体的にどうなったかは実際に映画をご覧ください。

「オズの魔法使い」でも、「やっぱりおうちが一番」という台詞で骨組みが語られます。もっと具体的に、「探し求めているものはすでに持っている」と言った方がわかりやすいはずですが、どうして観客はこの骨組みを理解できるのでしょうか？　台詞で語られたからですか？　いいえ、違います。骨組みがドラマ化されているからです。

骨組みはストーリーを支える土台であることを忘れないでください。すべてはその土台の上に積み上げられていきます。骨組みとなるアイデアをドラマ化するという視点で、すべての決定を下すことが重要です。

ジョークの練習

私は、ジョークを解説的なツールとして使うのが好きです。ジョークも一種の短編ストーリーであり、構成を解説するのにうってつけだからです。ジョークを検証すると、インビジブルインクについて多くのことを学べます。ジョークを構成するすべての要素はオチのためにあるように、ストーリー内のすべての要素も骨組みを支えるために存在すべきです。優れたストーリー構成には無関係な要素など存在しません。すべての要素が必然的でありながらも意外な結論へとつながっています。

次の各ジョークで、適切なオチを選んでください。

ジョーク#1

バーで船乗りが海賊に出会います。２人は外洋での武勇伝を自慢し合います。

船乗りは、海賊が義足、フック状の義手、それに眼帯をしていることに気付き、「その義足はどうしたんだ？」と尋ねます。

海賊はこう答えます。「海で嵐に巻き込まれて、サメだらけの海に投げ出されたんだ。それで仲間たちに引っ張り上げられているときに、サメに足を食いちぎられたのさ」

「なんと！」と船乗り。「そのフックのような義手は？」

海賊は答えます。「仲間たちと中東で商船から略奪していたとき、捕まって、手を切り落とされたんだ」

「本当に？」と船乗り。「じゃあ、その眼帯は？」

「カモメのふんが目に落ちてきたのさ」と海賊が答えます。

「カモメのふんだけで目をなくしたのか？」とびっくりした様子で船乗りが聞き返し、「信じられない！」と続けます。

海賊は、「いやぁ…」の後に次のいずれかを続けます。

A.「そんなことあるわけないだろ！」

B.「もっとでかいやつを見たこともあるよ」

C.「ちょうどフックの義手を着けたばかりだったんだ、その日は」

D.「何だったっけ！」

ジョーク#2

1人の男がバーに入り、最高級スコッチウィスキーのショットを12杯オーダーし、かなり速いペースで飲み始めました。

「ちょっと、なんでそんなに急いで飲むのですか?」とバーテンダーが尋ねます。

その男は答えます。「私が今持っているものをあなたが持っていたら、同じように急いで飲むでしょうよ」それに対してバーテンダーが尋ねます。「何を持っているのですか?」

男が次のいずれかを言います。

A. 「75セント」
B. 「緑のタキシード」
C. 「月旅行」
D. 「早く時間が過ぎてほしい」

ジョーク#3

アヒルがバーに行き、「ぶどうはあるかい?」と尋ねます。

バーテンダーは戸惑いながら、彼のバーではぶどうは出さないことを伝えます。アヒルはお礼を言って、立ち去ります。

次の日、アヒルがまたやって来て「ぶどうはあるかい?」と尋ねます。

バーテンダーはもう一度、ぶどうは出していないこと、過去にも出したことがないこと、それにこれからも出す予定がないことを伝えます。アヒルは少し羽を立て、お礼を言ってから立ち去ります。

次の日、またアヒルがやって来ますが、アヒルが口を開く前にバーテンダーがこう叫びます。「アヒルさんよ！　ここはバーだ！　ぶどうは出さない！　もしまたぶどうがあるか聞いてきたら、その間抜けなくちばしをバーに釘で打ち付けてやる！」

アヒルは少し沈黙した後、「釘はあるかい？」と尋ねます。困惑したバーテンダーは「ない」と答えます。アヒルは「よかった！」と言って、次のいずれかを続けます。

A.「それはネズミにしてはおかしな名前だ」
B.「じゃあ、そのサルは誰のものなんだ？」
C.「ぶどうはあるかい？」
D.「何を頼んだ？」

ジョーク#4

店先にいる犬を追い払おうとした肉屋の店主は、犬が10ドル札と、「ラム肉を10枚ください」と書かれたメモをくわえていることに気付きます。

驚いた店主はお金を受け取り、ラム肉が入った袋を犬の口にくわえさせると、急いで店を閉めました。犬のあとをついていくと、犬は交差点で信号が青になるのを待ち、左右を確認してから、通りの向こうにあるバス停まで渡って行きました。犬はバスの時刻表をチェックして、ベンチに座ります。バスが到着すると、車体前面に表示されている番号を確認してから乗り込みました。肉屋の店主はあっけにとられ、犬のあとを追って乗り込みました。

バスが郊外に向かって走り出し、犬は窓から景色を眺めています。しばらくすると、後ろ足で立ち上がって「停車」ボタンを押しました。店主も犬のあとに続いてバスから降りました。

犬は一軒の家に向かって走り出し、その家の玄関口に肉の入った袋を置きました。そして少し後ろに下がってから、勢いをつけてドアにドシンと体当たりしました。これを何度も繰り返します。中からの応答はありません。すると今度は、塀を飛び越えて庭に回り込み、窓に向かって頭を叩き付け、再び玄関に戻って待ちます。大柄の男がドアを開け、犬をののしり、拳で叩きました。

いたたまれなくなった肉屋の店主はこう叫びます。「何をやっているんだ？　この犬は天才なんだぞ！」

犬の飼い主は次のいずれかを返します。

A.「昨日はキャンペーンだった」

B.「こいつを食いたいのか？」

C.「こいつにそんなことができるのか？」

D.「天才？　冗談だろ。こいつ鍵を忘れたのは今週2回目なんだぞ！」

ジョークには思いがけないひねりがあり、オチまでの一連の流れがあってこそ、ジョークが成立します。オチには、それまでの流れの中で登場した要素しか使えません。もっと正確に言うと、オチには前に出た要素を使わなくてはなりません。そうしないと、その要素を登場させた意味がなくなってしまうからです。このパターンに従わねばならないという点で、長編ストーリーはジョークと何ら変わりません。

アイデアのドラマ化とは

見ると聞くとは大違い。

―アフリカに伝わる格言

性差別や人種差別など、特定のテーマを扱った映画やストーリーが好きだと言う人は少なくありません。しかし、その映画を実際に見てみると、そうした差別に関する台詞が登場するだけで、テーマはまったく違っていたりします。

次に、「オズの魔法使い」で、ドロシーがかかしに出会うシーンを見てみましょう。

オズの魔法使い

脚本：ノエル・ラングレー

フローレンス・ライアン

エドガー・アラン・ウルフ

1939年

ドロシー　「…今言ったのはあなたね？」

かかしが頭を左右に振ってから縦に振る。かかしが頭を縦に振ったとき、ドロシーは話しかける。

ドロシー　「わざとやっているの？　どっちかに決めてよ。」

かかしがわらの頭を見せて、説明する。

かかし　「困ったことに、決められないんだ。脳みそがないの。わらだけ。」

ドロシー　「でも、おしゃべりしているじゃない。」

かかし　「なぜだろう。脳のないやつほどおしゃべりなんだよ。」

ドロシー　「ええ、そうね。」

ドロシーが柵を超えてトウモロコシ畑に入る。

ドロシー　「まだちゃんとご挨拶していなかったわね？」

かかし　「ああ、そうだったね。」

ドロシーが膝を曲げてお辞儀をする。

ドロシー　「はじめまして。」
かかし　「ご機嫌いかが？」
ドロシー　「いいわ、あなたは？」
かかし　「僕は全然よくないね。背中を棒にひっかけられて、一日中ぶら下がっているんだから。」
ドロシー　「つらいでしょうね。下りられないの？」

ドロシーがかかしのうしろに回る。

かかし　「下りる？　それが、その、ほら。」
ドロシー　「手伝ってあげるわ。」

かかし　「親切だね、君は。」

ドロシーがかかしを棒から下ろそうとする。

ドロシー　「でも、どうやったらいいの？」

かかし　「僕は頭が悪いけど、うしろの…」

ドロシーがかかしの言うとおりにする。

かかし　「…釘を抜いたらどう？　外れるんじゃないかな。」

ドロシー　「あら！」

ドロシーが釘を回すと、かかしが地面に落ちる。

かかしが初めて登場するシーンですが、最初に彼が言うのは脳がないということです。しかし、自分を棒から外す方法を知っていたのはドロシーではなく、かかしでした。

別のシーンを見てみましょう。

ドロシーとかかしが黄色いレンガ道を歩いている。リンゴ園を見つけたドロシーが喜び、その中の1本の木に近付く。

ドロシー　「リンゴだわ！　見て！　わっ。」

ドロシーがリンゴをもぎると、木がそのリンゴを取り上げて、ドロシーの手を叩く。

ドロシー　「痛い！」

最初の木が「口」を開けて、ドロシーに言う。

木　「どういうつもりだ？」

ドロシー　「歩き続けておなかがすいたから…」

最初の木が身振りをまじえて話す。

最初の木　「腹が減っただと？　自分のものを勝手にとられて黙ってられるか。」

ドロシー　「すっかり忘れてたわ。ここはカンザスじゃないのよね。」
かかし　「行こうドロシー。こんなリンゴやめときな。ふん。」
最初の木　「ケチをつけるのか？　俺のリンゴは口に合わないって言うのか？」
かかし　「そんなんじゃない！　この子は青虫が嫌いなんだよ。」
　　　木が二人を捕まえようとする。かかしはそれを振りほどき、走り去るドロシーに続いて逃げ出す。
木　「…何だと…」
かかし　「逃げろ！」
木　「青虫でもくらえ！」
かかし　「見といで。」
木（画面外）「そんなこと…」

最初の木が振りかぶってリンゴを投げる。

木　「…もう言わせないぞ…」

リンゴがかかしとドロシーにぶつかり、２人はあわてふためく。かかしが背中から地面に倒れ込む。

木　「…これでもくらえ！」

木はリンゴを投げ続け、背景にかかしとドロシー、それに犬のトトが映る。
かかしは起き上がり、リンゴをかわす。

複数の木　「許さんからな！　許さんからな！　こら！」

最初の木が笑いながらリンゴを投げ続ける。

かかし　「やった！」

かかしが投げられたリンゴを拾い始める。

かかし　「やったぞ！　うまくいった！　さあ拾って。」

ここでも同じことが起こります。ドロシーではなく、かかしがリンゴを手に入れる方法を思いつきます。このような書き方はあからさますぎるのではないかと感じるかもしれません。しかし、何度「オズの魔法使い」を見ても、これらのアイデアを思いついたのがかかしであることに気付かなかったはずです。見えていなかった、つまりこれはインビジブルインクです。

次は、臆病なライオン、ブリキの木こり、かかしによる秀逸なシーンを見ていきましょう。ブリキの木こりには心がなく、ライオンは自分が臆病者であると思い込んでいます。

ブリキの木こりと臆病なライオン、それにかかしが岩越しに覗き込む。

かかし　「悪い悪魔の城だよ。ドロシーはあの中だ。」

ブリキの木こり　「かわいそうに、あんな場所に閉じ込められて。早く助けなきゃ。」

（泣く）

かかし　「泣くなよ。油さしはドロシーのカゴの中だぞ。」

臆病なライオン　「ありゃ何だ？」

魔女の手下のウィンキー人たちが城の中庭で行進している。

臆病なライオンは引き返そうとするが、ほかの２人につかまれて前に押し出される。

かかし　「城に入るいい方法がある。」

臆病なライオン　「頭いい！」

かかし　「君がまず飛び込む。」

臆病なライオン　「なるほど。おれが？」

かかし　「そうだ。」

臆病なライオン　「あそこに飛び込むの？」

かかし　「そうだよ。」

臆病なライオン　「ようし、ドロシーのためだ。魔女でも番兵でも八つ裂きにしてやる！（吠える）命懸けでやってみる！　1つだけ頼みがあるんだ。」

かかしとブリキの木こり　「何だ？」

臆病なライオン　「行くなと言って。」

ここでも、かかしはアイデアを思いつきます。また、ブリキの木こりが涙することから、彼に心があることもわかります。そして臆病なライオンには、恐怖に立ち向かう勇気を示すチャンスが訪れます。「オズの魔法使い」を最後まで見ると、臆病なライオン、ブリキの木こり、かかし、ドロシーの4人組は、それぞれ探し求めていたものをすでに手に入れていることがわかります（少なくとも潜在意識の中では）。観客はそのことを理解して、満足感を得ることができます。これは、ほとんど潜在意識のレベルで起こります。

これこそドラマ化がなせる業です。言葉で伝えるのではなく、見せるのです。感情的につながったものは、そうでないものよりも心に残ります。ドラマ化によって、自分の知的アイデアを観客の感情に訴えることができます。

「ターミネーター」のテーマは、「命がいかに大切かを誰もわかっていない」ということですが、この映画を初めて見た人にそれがわかると思いますか？　もちろん、わかるはずがありません。観客は、とにかく「逃げろ！」「そいつから逃げろ！」と思うだけです。しかし、はっきり言葉にはできないかもしれませんが、観客は映画が放つメッセージを確実に受け取っています。楽しませることを恐れる必要はありません。スプーン1杯の砂糖は薬を飲みやすくしてくれます。

「ジョーズ」も、娯楽性の高い手法でテーマをドラマ化した映画です。警察署長のブロディというキャラクターは水が苦手です。このことは、映画の冒頭で知らされます。映画の終盤、サメを退治した彼は「海も悪くないな。あんなに嫌ってたけど」と言います。恐怖に立ち向かうことが、恐怖を克服することになるということを彼は学んだのです。サメは、ブロディが内面に抱える恐怖を表しています。私が映画を深読みしすぎていると思う方は、状況を客観的に見て、「なぜサメを殺すことがブロディの水に対する恐怖を打ち消すことになるのか？」と自問してみてください。論理的に考えるとおかしいですが、テーマ的観点から見れば、何の違和感もありません。

次に紹介するのは、イソップ寓話の1つです。

「棒の束」

あるところに何人も息子がいる農夫がいました。息子たちはいつも言い合いや喧嘩をしていました。ある日、農夫は息子たちを全員呼びます。手には、何本もの棒を束ねたものを抱えています。

農夫は、一人ひとりにその束を半分に折るよう命じます。誰も折ることができません。次に、農夫は束を解いて1人に1本ずつ手渡し、折るように命じます。すると、今度は全員が簡単に折ることができました。

「いいか、息子たちよ」と農夫は切り出し、こう続けます。「皆が1つになって助け合えば、敵からの攻撃にやられることもない。しかし、ばらばらだと、その棒のように簡単にへし折られてしまうんだぞ」

骨組み(教訓)：団結は力である。

イソップが生きていたのは3000年近く前ですが、現代まで彼の話は語り継がれています。語られるだけではありません。教訓として生き続け、私たちの日々の生活の一部となっています。羊の皮をまとった狼と言えば、誰もがその意味を理解します。すっぱいブドウや、オオカミ少年も然りです。

これらはすべてイソップ寓話で語られています。

なぜ、大昔に作られた話が今でも語られるのでしょうか？　それは、イソップ寓話には人の社会生活と結びつく要素が含まれているうえ、人間そのものは紀元前６００年からさほど変わっていないからです。人は存在し続ける限り、同じような過ちを繰り返します。

イソップ寓話の骨組みは一般に教訓とされていますが、どんな教訓であれ、作者の言いたいことが要約されていることに変わりありません。そのうえドラマ化もされています。ここで紹介した「棒の束」に出てくる農夫は、ただ言葉で言うのではなく、実際に経験させることで、息子たちにメッセージを伝えました。これによりイソップもまた、読者に対してメッセージを伝えているのです。

ジョークと同じように、こうした短編ストーリーには余分な要素はありません。長編であろうと短編であろうと、巧く作られたストーリーには不要な要素などないという点を忘れないでください。

私がイソップ寓話を引用したのは、ドラマ化と骨組みのアイデアをまさにドラマ化するためです。

テーマは論理に勝る

理屈はいいから感動させてくれ。

―ビリー・ワイルダー（執筆パートナーのI.A.L.・ダイアモンドに対する指示）

次は、映画「赤ちゃん泥棒」を例に、テーマ対論理について考えます。ニコラス・ケイジとホリー・ハンターが演じるのは、子供が欲しくてたまらないカップルです。彼らは最後の手段として、五つ子が誕生した夫婦から1人の赤ちゃんを盗んでしまいます。

この不幸なカップルは盗んだ赤ちゃんを連れて家に帰り、家族写真を撮影します。この新しい家族の写真のすぐ後に、男が泥まみれの穴から頭を出すシーンが続きます。男は大雨が降りしきる中、腹の底からの雄叫びを上げます。背景には、刑務所の壁とサーチライトが見えます。そう、この男は刑務所を脱獄したのです。刑務所から脱獄したばかりの男が雄叫びを上げることは、論理的に説明がつきますか？　冷静に考えれば、脱獄したらできる限り静かにしておいた方がいいでしょう。では、この映画ではなぜ雄叫びを上げたのでしょうか？　それは、テーマが論理に勝っており、雄叫びを上げる泥まみれの男がテーマ上のポイントとなっているからです。

映画内でこのシーンが挿入されているのは、幸せな家族の写真を見せたすぐ後です。これは何を意味しているのでしょうか？　考えてみてください。男が泥だらけで叫ぶシーンは、出産シーンを彷彿させます。男は頭から出てきます。普通に考えれば、泥を掻き分ける指が最初に出てきます。地面を掘っていたのであれば、指から出てくる方が理にかなっていますが、このシーンでは論理は関係ありません。泥まみれの頭が小さな穴から出てきて、まるで、この世に「産み落とされた」かのように男は叫び続けます。なんとも汚い出産であり、この出産自体何かが間違っています。これこそが、論理に勝るテーマなのです。ニコラス・ケイジとホリー・ハンターのカップルには、赤ちゃんを盗んで以降、何も良いことが起こりません。実際、脱獄した刑務所仲間たちが彼らの家に逃げ込み、そこを隠れ家とします。ニコラス・ケイジとホリー・ハンターに拒否する選択肢はありません。なぜなら、脱獄囚たちは彼らが赤ちゃんを盗んだことを嗅ぎ付け、それをばらすと脅しているわけですから。このカップルの災難は、本当の親に赤ちゃんを返すという結末まで続きます。

この映画では、骨組みは語られるのではなく、ストーリーテラーが定めたさまざまな状況設定によって明らかにされていきます。骨組みは、次のような台詞で語らせることも可能です。「他人から奪ったもので自分の幸せを得ようとしているのは間違っている」「悪事から良いことなど起こりえない」

このように、骨組みを言葉にすることも可能ですが、その場合はストーリー構成で明確かつ矛盾のない状況を設定することで、骨組みを支える必要があります。

「恋はデジャ・ブ」と「トッツィー」も、似たような骨組みを持っています。主人公は秘密の情報を利用して、意中の女性をベッドに連れ込もうとしますが、どうしてもうまくいきません。どちらの映画でも、計画通りに事が運ばないのは、テーマ上正しいことではないからです。

「トッツィー」では、骨組みがとてもうまく設定されています。第1幕におけるダスティン・ホフマンが演じるキャラクターは、演じているときは嘘がつけない優秀な役者として描かれます。役に対しては忠実ですが、実生活では嘘つきで、特に女性に対しては顕著です。そんな彼が、正直者の女性になりきって生活することで、本来の男性としての自分も女性に正直になることを学んでいきます。

この構図が見える格好の例が「恋はデジャ・ブ」です。どこかで読んだのですが、スタジオは、なぜビル・マーレイは同じ日を繰り返すのかについて説明を欲しがったそうです。ジプシーの呪いとか、そんな類のものを。私が思うに、一度は脚本に書かれたものの、しっくりこなかったのでカットされたのでしょう。なぜなら、そこに論理的な説明は必要なかったからです。観客は、なぜそのようなことが起こるかを理解できます。ビル・マーレイ演じるキャラクターが教訓を得るというテーマ上、繰り返される一日が必要でした。彼が改心すると、その現象は消えますが、その理由も観客は理解できます。ビル・マーレイ演じるキャラクターは改心して、「以来ずっと」良い人になったのです。

覚えておいてほしいのは、骨組みをドラマ化することで、知的アイデアを感情に訴えられるということです。この手法を身に付ければ、より多くの人に深く感情移入してもらえるようになります。

私が気に入っているもう1つの例は、1968年版の「猿の惑星」です。この映画の骨組みは、「人間」は暴力的で自滅的な生き物であるというものです。これは、劇中で何度も繰り返し指摘され、人類自身がこの世界を破壊したことを見せるエンディングでとどめを刺しています。

映画の中盤に、裁判のシーンがあります。この時点では観客はまだ、その惑星が地球であることを知りません。この世界の知能を持つ猿は、テイラー（チャールトン・ヘストン）が話せることを発見していました。この世界では人間は話せないはずなのにです。この発見の後に、裁判のシーンが続きます。

それまで、テイラーは檻に閉じ込められていました。このシーンを裁判所で展開することに論理的な理由はありません。では、なぜテイラーの檻で行わないのでしょうか？　これには、人間は暴力的で自滅的な生き物であるという骨組みが関係しています。テーマ的には、これは人類を裁判にかけるシーンです。ストーリーテラーは、テイラーの服を脱がせて、アダムのような格好をさせることで、この点をさらに明確にしています。テイラーが話せることがわかった直後にこのシーンが続くのも筋が通っています。人間であるというだけで、犯罪とみなされるのです。論理を無視して、テーマが骨組みを支えるという点では、とてもよく考えられた素晴らしいシーンです。

クローンの使用

「むかしむかし、あるところに3匹の子豚がいました…」

私がクローンと呼ぶキャラクター（ミラーキャラクター、リフレクションキャラクターなどとも呼ばれます）は、ストーリーテラーにとって非常に便利なツールです。

クローンは、ストーリーの中では伝えるのではなく、見せる役割を担います。クローンキャラクターがストーリー内で見せるのは、主人公がある特定の道を進んだ場合に起こりえることです。3匹の子豚では、最初の2匹がクローンです。最初の2匹が失敗したおかげで、3匹目の成功を評価できます。これは、最もわかりやすいクローンの使用例です。

クローンは複雑なストーリーでも使用されます。J.R.R.・トールキンの小説「指輪物語」では、主人公のフロドが指輪の魔力に魅せられたらどうなるかを示すキャラクターとして、哀れなゴラムを使用しています。3匹の子豚と同じように、あるキャラクターの成功は、別のキャラクターの失敗によって評価できるようになります。

「トッツィー」では、ダスティン・ホフマンの意中の女性が女たらしの男と付き合っています。女装したダスティン・ホフマンが女たらしのロンと話すシーンで、「私は、あなたの女の扱いについてあなたが思っている以上にわかっている」と言います。ダスティン・ホフマンは、このようにして自分自身を「見て」、自分と対峙します。

テレビドラマシリーズの「ER緊急救命室」でも、クローンが効果的に使われています。キャラクターの問題は、たいていミラーキャラクターの患者を通して描かれます。たとえば、アルコールの問題を抱えた女医は、飲酒運転者を治療することになったりします。これにより、女医だけでなく視聴者たちも、そのままいけば女医がどうなるかわかるのです。

先に紹介した「オズの魔法使い」では、ドロシーの3人の仲間はすべてクローンです。彼らもまた、彼女と同じようにすでに持っている何かを探しています。クローンの使用は、アイデアをドラマ化する一手段です。繰り返しになりますが、クローンの役割は伝えることではなく、見せることです。前に述べたように、観客はかかしが脳を持っていることを最初のシーンで見せられ、その後のストーリーを通して補強されていきます。また、ブリキの木こりに向かって「泣くなよ。また錆びちゃうぞ」と言うシーンを覚えているかと思いますが、これは、ブリキの木こりに心があることを示しています。

ジョン・スタインベックの小説「二十日鼠と人間」でも、何人かのクローンが登場します。このストーリーの骨組みは、人には仲間が必要だというものです。骨組みは、ドラマ化されているだけでなく、実際に述べられてもいます。随分と昔に読んだことがあるという方は、ぜひもう一度読み返してください。見事としか言いようがないストーリー構成です。作者は、自分が言いたいことがよくわかっていて、さまざまな方法で繰り返し語っています。そして知的アイデアを感情に訴えるものに仕立てています。

ストーリーでは、ジョージとレニーという2人の出稼ぎ労働者が働き口を求めて転々としています。精神障害を抱えるレニーはいつもトラブルを起こしますが、ジョージには仲間が必要で、彼のレニーに対する愛情は、トラブルによって薄れるような柔なものではありません。しかし、小説内に登場する他のキャラクターにも、2人が一緒に旅しているのは変だと言われてしまうほどです。

最初のエピソードの1つに、レニーがポケットの中の死んだネズミを可愛がり、それをジョージが見つける場面があります。レニーは大男で、力加減がわからないため、間違ってそのネズミを殺してしまったのでした。レニーは毛並みの柔らかい小さな動物が大好きで、いつかウサギを飼うことを夢見ています。

2人が働き口を見つけてある牧場に行くと、そこで牧場主であるボスの息子の嫁と出会います。彼女は、夫がかまってくれないので牧場で働く男たちの気を引こうとしますが、これは、彼女が仲間を欲していることを表しています。

牧場には、老犬を飼っている老人もいます。飯場にいる他の労働者は、その犬を役立たずだと思っています。カールソンという男は、老人に犬を撃ち殺すように言います。その犬には「歯がない」というのがその理由でした。「リューマチで動きはのろまだし、何の役にも立たない」と言うのです。

このキャンディーという名の老人は拒みますが、カールソンは犬を撃ち殺すべきだという考えを曲げません。

キャンディーは悲しそうな目で犬を見ます。そして静かに「できない、そんなことはできない。ずっと一緒だったんだ」と言います。

「犬だって楽しくないぞ」とカールソンは譲りません。

「それに臭くてたまらない。じゃあこうしよう、俺がお前の代わりに撃ってやる。そうすれば、やったのはお前じゃないってことになる」

キャンディーが寝床から足を出し、頬に生えた白髪交じりの無精ひげを神経質そうに掻きます。

「一緒にいるのが当たり前なんだ」と静かに言います。

「子犬のときから一緒なんだから」

「この犬にとっても生き続けるのは幸せじゃないぞ」とカールソン。

「スリムのメス犬が子犬を産んだから、その中の1匹を譲ってもらって育てればいいさ。いいよな、スリム？」

ラバ使いの名人スリムは、老犬を落ち着いた目で観察していました。そして「いいよ」と言います。

「子犬が欲しいならくれてやるぜ」次の言葉を続けるとき、彼は体が揺れたように見えました。

「カールの言うとおりだ、キャンディー。あの犬は生きていても何もいいことはない。もし俺の体が不自由になったら誰かに撃って欲しいぐらいだよ」

ここではリーダー格のスリムの言うことは絶対なので、キャンディーは絶望的な目で彼を見てこう言います。

「でも痛がるんじゃないか？　面倒見るのは全然苦じゃないんだ」

カールソンが言います。「俺が撃てばやつは何も感じないさ。ここに銃を当てて撃つんだから」つま先でその部分を差します。「脳天に1発ぶち込めば、震える間もないさ」

最後にカールソンはこう言います。「何だったら、今この場でこの惨めな犬を楽にさせてもいいんだぞ。何も後悔することなんてないさ。食べられない、見えない、まともに歩くことすらできないだから」

キャンディーがかすかな希望を持って言います。「でも銃は持っていないんだろ？」

「何を言う。拳銃がある。あっという間に終わるさ」キャンディが言います。

「明日にしよう。明日まで待とう」

「なぜ明日まで待つんだ?」とカールソンが返します。自分の寝床に行くと、その下からカバンを引き出し、中から拳銃を取り出します。そして「さっさとやっちまおうぜ」と言います。「あの臭いで夜も眠れねえ」カールソンが拳銃を尻ポケットにしまいます。

キャンディーが何とかならないかと、スリムをじっと見つめます。スリムは何も返しません。とうとう、キャンディーが絶望した様子で静かにいいます。

「わかったよ、連れて行けよ」犬の方には一切目を向けません。寝床に仰向けに横たわり、頭の後ろで手を組んで天井を見つめます。

カールソンがポケットから皮ひもを取り出します。犬のところに行き、首の周りにひもを巻きつけます。キャンディー以外の全員がその様子を見つめます。

「さあ行こう、行くんだ」と優しい声で言います。そして、すまなそうにキャンディーに言います。

「何も感じないさ」キャンディーはじっと黙ったままです。そして皮ひもは引かれます。

「さあ、行こう」老犬は、ゆっくり引かれる皮ひもに合わせて、ゆっくりとぎこちなく歩き出します。

カールソンは犬を表に連れ出し、老人は横になって天井を眺めます。重苦しい空気がしばらく流れた後、遠くで銃声が聞こえます。ここでキャンディーは寝返りを打ち、顔を壁の方に向けます。

この臭い老犬が、老人にとってどれほど大切だったかがわかります。犬と老人は、レニーとジョージのクローンなのです。

なぜ、これらがストーリーの深読みではないと言えるのでしょうか？　それは、骨組みが繰り返されているからです。骨組みが、何度も繰り返しドラマ化されているのです。老人の犬を撃つシーンはとても上手に書かれていますが、見応えのあるシーンになっているのは、感情を使って骨組みが浮き彫りにされているためです。

ジョージがレニーを牧場に残して、他の仲間と町に行くシーンでも、骨組みが明確にされています。レニーは、納屋の隣の小屋に住む賢い黒人クルックスと偶然会います。クルックスは黒人なので、飯場への出入りを禁止されていて、いつも一人ぼっちです。2人の会話の中で、クルックスは次のようなことをレニーに言います。

クルックスが穏やかな口調で言います。「わかっていると思うけど、お前にはジョージがいる。そしてやつが帰ってくることも知っている。もし、お前に相手してくれる人が誰もいなかったとしたら。もし、黒人だという理由で飯場に出入りできなかったり、トランプ遊びを禁止されたら。お前ならどうする？　ここで座って本読むしかなかったら。もちろん、暗くなるまでは蹄鉄投げでもして遊べるけど、その後は本を読むだけなんだ。本じゃだめなんだよ。人は、誰かそばにいてくれる人が必要なんだ」

クルックスがすすり泣きます。

「誰もいないと頭がおかしくなっちまう。誰だっていいんだ。そばにさえいてくれれば。わかるか？」

そして泣きながら続けます。

「ずっと一人でいると頭がおかしくなるんだ」

ここでは、骨組みが実際に語られています。キャラクターが教訓めいたことを言うと、観客が納得してうなずくことがありますが、ストーリーの構成要素によって支えられていなければ、その発言は全く意味を持ちません。ストーリーを構築していく上で下される判断は、何らかの形で骨組みに貢献する必要があります。そうでなければ、その要素の存在意義がないからです。スタインベックは、ストーリーの中で効果的にクローンを使用しています。老人の犬がレニーのクローンであることに疑問を感じる方は、クルックスが、ジョージがいなかった場合のレニーを想定して話す内容に注目してください。「どうなるか知りたいか？　お前は精神病院に入れられ、犬みたいに首輪でつながれるんだ」

スタインベックはインビジブルインクを完璧に使いこなしています。補助的なキャラクターの存在が、骨組みを鮮明にしたり、作者が言いたいことをドラマ化するのに、どれほど重要であるかを十分に理解しています。皮肉なことに、インビジブルインクはどれほど露骨に使用してもかまいません。草地の足跡を見分ける訓練でもしていない限り、観客は気付かないからです。

インビジブルインクを操るもう一人のストーリーテラーは、パディ・チャイエフスキーです。

彼は、脚本を手掛けたテレビドラマおよび映画の「マーティ」でクローンを巧みに使用しました。

テレビドラマ版の「マーティ」は、1950年代に放送されました。そのインパクトはすさまじく、放送局には再演を求める手紙が殺到しました。この時代のテレビは生放送だったので、再放送というものはありませんでした。本作品は再演されただけでなく、映画版も制作され、アカデミー作品賞も受賞しました。

「マーティ」は、彼女ができないイタリア系アメリカ人の話です。不細工な男で、彼自身も自分のことを年老いた下男ほどの価値しかないと思っています。一緒に暮らしている母親からは、結婚をせがまされています。これらの要素は、作品内に対立を生み出します。物語の支点でマーティが自分を好きになる女性を見つけると、問題解決です。だってこれが、マーティと母親が望んできたことなのですから。しかし、ドラマには法則というものがあり、対立がなくなると潰れてしまいます。では、次の対立はどこで登場するのでしょうか？　マーティの母親には、伯母のキャサリンというクローンが存在します。ここでチャイエフスキーが巧みな展開を描きます。マーティが彼女となる女性と出会い、すべてが丸く収まるかに思えたとき、チャイエフスキーは次のシーンを挟むのです。

母親が伯母のキャサリンに話しかける。

母　「今朝、おたくのニッキーと嫁から絵葉書が届いたわ。今フロリダの大きなホテルにいるの。すべてが順調みたいよ。」

伯母　「そりゃよかったね。」

母　「キャサリン、私のうちでマーティと私と3人で一緒に暮らさないか？　うちにくれれば、自分の部屋ができるわよ。こんなリビングルームのソファで寝ることなんてないわ。」

伯母がゆっくりと母親の方に目を向ける。

母（続き）　「キャサリン、あなたの息子は結婚しているのよ。自分の家も手に入れた。彼らのことも考えなさい。彼は嫁と2人で生活したがっているのよ。それなのに、バルコニーに老人が座っているんじゃかわいそうだよ。ねぇ、私と一緒に暮らそう。一緒に料理したり、子供の頃のようにおしゃべりできるじゃない。あなたのことが大好きなのよ。マーティもあなたのことが大好きだわ。あなたが来てくれたらどんなに嬉しいか。」

伯母　「あの子たちがあなたにそう言ったの？」

母　「そうよ。」

伯母　「息子のトーマスも一緒だったの？」

母　「ええ、あなたの息子のトーマスも一緒だったわ。」

伯母　「トーマスも母親を家から追い出したいって言ったの？」

母　「キャサリン、お願いだから事を荒立てないで。狭い部屋が3つしかないこの家に、夫婦と赤ん坊、それにあなたが住んでいるのよ。あなたのいる場所じゃないのよ。彼女はイタリア人気質だしね。いい娘だけど、あなたに参っているのよ。1人にさせてあげなよ。彼らには彼らの人生があるんだから。」

伯母がゆっくりと母親の方を向き、まっすぐ母親の顔を見る。そして、ゆっくりと椅子から立ち上がる。

伯母「(冷たく)出て行って。ここは私の息子の家なの。私はここに住むの。新聞紙のように外に放り出されるなんてごめんだわ。」

母親も立ち上がる。2人の老女が互いを見つめ合う。

母「キャサリン、私はあなたのことを愛しているの。一緒に泣いた仲じゃない。夫が死んだとき、あなたがいなかったら私はどうかなっていたわ。あなたにうちに来て欲しいのは、あなたに幸せになって欲しいからよ。お願いだからうちに来て。」

姉妹は互いを思いやる。キャサリンがオーク材の椅子に座り直し、母親も元の場所に戻る。こわばっていたキャサリンの表情が突然緩み、妹の方を向く。

伯母「テレサ、私どうしちゃったのかしら?」

母「キャサリン?」

伯母　「あなたにも起こるわよ。よく覚えておきなさい。本当にここ数年はひどいわ。鏡を見るのが怖いの。白髪頭の老女を見るのが怖いのよ。公園のベンチで黒いショールにくるまって、棺桶に収まるのをじっと待つ老女のようで。私ももう56歳になったわ。どうすればいいって言うの？　まだ腕力はあるわ。料理もしたいし、掃除もしたい。子供たちに夕食を作ってあげたい。誰かの役に立ちたいのよ。それなのに、暖炉の前に寝そべってお迎えが来るのを待つ老犬みたいだわ。ここ何年かずっと辛いの、テレサ。本当に辛い！」

母　「キャサリン姉さん…」

伯母は取り乱した様子で母親を見つめる。

伯母　「あなたにも起こるわよ！　きっとあなたにも起こるわ！　もしマーティが結婚したらどうするの？　夕食に何を作るの⁉　子供たちが部屋で転げまわっていたら？　騒音は⁉　未亡人なんてなるもんじゃないわ。苦しいだけよ！　もしマーティが結婚したらどうするの⁉　どうするの？」

伯母はやつれた寂しさと痛みに満ちた目で母親を見つめる。母親は少しの間見つめ返してから、目を閉じる。伯母は痛いところをついてきた。伯母は椅子に深く腰掛け、両腕を肘掛に乗せて少し体をこわばらせている。母親は少し身を乗り出すように、背中を丸めて座っている。彼女の両手は、膝の上で落ち着かない様子で組まれている。

伯母

「（静かに）荷物をまとめて明日あなたのところに行くわ。」

カメラが陰うつな姉妹から少しずつ引いていく。

[ゆっくりフェードアウト]

これをきっかけに、マーティの母親は不安を募らせ、息子の結婚に対する態度を変えていくことになります。とてもうまい構成で、対立が残っているため、見ている側は関心を持ち続けられます。

クローンは、ストーリー内で必ず使用されるわけではありませんが、ストーリーテラーとして身に付けておくと非常に有効なツールです。ストーリーテラーは、ストーリー内のすべてのキャラクターの存在理由をわかっている必要があります。生徒たちがよく言うような、「肉付けする」という単純な理由だけでキャラクターを存在させてはいけません。

アルフレッド・ヒッチコック監督の「裏窓」では、足を骨折した男を演じるジェームズ・ステュアートが、グレース・ケリー演じるガールフレンドと結婚したがりません。ジェームス扮する男は、冒険心あふれる報道写真家です。

実際、足を骨折したのは、レースカー事故を撮影しているときでした。彼がファッションデザイナーのガールフレンドと結婚したがらないのは、彼女にはそれに耐えうる気骨がないと感じるからです。いつまでも幸せに暮らしましたという状況に、2人はそぐわないと思っています。

車椅子での生活を余儀なくされたジェームズは、窓から近所の住人の生活をのぞき見して過ごすようになります。実は、この近所の住人たちは全員クローンです。彼らは、恋愛関係のあらゆる段階を展開しています。新婚カップル、子供のいない年配のカップル、男たちをとりこにするセクシーな女、彼氏ができない女、喧嘩ばかりしているカップルなど、彼らは全員ジェームズ・ステュアートとグレース・ケリーの歪められたクローンです。

ちなみに、ジェームスのグレースに対する気持ちは、彼が近所のあるカップルの妻が殺害されたと思ったとき、グレースが果敢にも危険を伴う調査に乗り出す姿を見て変わります。

素人の目には、これらのクローンキャラクターは、ストーリーを埋めるための補助的なキャラクターにしか見えないかもしれません。しかし、熟練したストーリーテラーの目には、こうしたクローンはストーリーの要点を照らし出すインビジブルインクとして映ります。

4章

儀式的苦痛
個人的な修羅場の練習
苦難
蝶から毛虫
フリップフロップ
変わらないキャラクター
主人公の死

儀式的苦痛

みんな天国に行きたいけど、死にたいやつなんていない。
―ドン・ニックスによるブルースの歌詞

これまでキャラクターの変化に触れても、詳しい説明はしませんでした。次はこの変化を掘り下げてみます。

数年前、非行グループが登場するスペック脚本(依頼される前に書く脚本)を執筆していた頃、私は非行児の多い学校に行って、非行グループがどんな仕組みになっているのかを尋ねたことがあります。ここで分かったのは、非行グループに仲間入りするには「飛び込まなくてはならない」ということでした。つまり、一定時間(通常は2~5分)ほかのメンバーたちから殴られなければなりません。これを終えると、無事グループの一員として認められるそうです。

私にはとても野蛮な行為に思えました。自分自身をこのような形で痛めつけられることをよしとする理由がわかりませんでした。

その数年後、私はメインのキャラクターの1人としてオーストラリアのアボリジニが登場する漫画を書くことになりました。その下調べで、ある部族は若者が大人になるための成年式の一環として、歯を数本抜く儀式を行うことを知りました。

そういえば、もう何年も前になりますが、仲の良かった友人が兄弟の契りを交わしていました。私なら、あんな屈辱的な仕打ちには耐えられないと思います。

そうして見えてきたのは、特定の集団またはグループに属する人たちは、必ず過酷な入会儀式を経て、その一員になっているというパターンです。それは教えられて行うというよりも、代々継承される伝統行事に近いようです。

それからしばらくして、近所に住むアフリカ人シャーマンが、彼の村で行われていた成年式について教えてくれました。世界中のさまざまな部族は、何らかの形で「儀式的苦痛」と呼ばれることを行っているそうです。スカリフィケーションや刺青によって肉体に文様を描く場合もあれば、1人で獣狩りに出たり、森での生活を1人で耐え抜く場合もあるそうです。文化によっては、割礼が行われることもあります。このように、必ずと言ってよいほど、血または流血が儀式に欠かせない要素となっています。ストリートギャングは、「血により入り血により出る」と言います。これは、ギャングに入会するときも脱退するときも、必ず痛みが伴うことを意味します。

どのケースにおいても、この儀式の目的は、個人を徹底的に叩きのめし、少年を成人に変えることにあります。儀式を無事終えると、グループの一員として認められ、そのグループで成人としての権利と責任を持てるようになります。

シャーマンに女性について尋ねてみたところ、女性はほとんどそうした儀式の対象にならないそうです。なぜなら女性の場合は、自然の流血が少女から成人女性になることを意味するうえ、初体験にも出血と痛みが伴うからです。もちろん、出産にも相当な痛みが伴い、その経験は確実に女性に変化をもたらします。女子割礼もありますが、それは男性が女性に課すものなのでここでは含めません。

私は、この考え方をストーリーの視点から見るようになりました。第2幕は、キャラクターを変化させるある種の儀式的苦痛です。通常、キャラクターは致命的な欠陥を持つ者として登場します。何らかを学ばなくては、成熟したより良い人物になれません。

「E.T.」で、エリオットが兄から言われた次の言葉にはどんな意味があったのでしょうか?「いつになったら他人の気持ちを思いやれるようになるんだ?」

人は、変わることに対して抵抗を感じるものです。古いブルースの歌詞に、「みんな天国に行きたいけど、死にたいやつなんていない(Everybody wants to go to heaven, but nobody wants to die.)」という一節があります。

どこかで自分を変えたい、変わらねばならないと分かっていても、実行に移すのは簡単ではありません。なぜ世の中がこのような仕組みになっているのかは謎ですが、やらなくてはいけないことは、いつだって一番難しいのです。したがって、すんなり変われることはほとんどありません。これは、あなたが描くキャラクターにも当てはまります。

「トイ・ストーリー」に登場するバズ・ライトイヤーは、自分をスペースレンジャーだと思い込み、オモチャであることをなかなか信じられません。同じく「トイ・ストーリー」のウッディは、アンディの愛情をバズと共有する術を学ばねばなりません。これらを踏まえて映画を見直すと、この変化は2人にとって簡単ではないものの、変われた後は、2人ともより良い「人」になっていることがわかります。

続編の「トイ・ストーリー2」では、捨てられそうになったウッディがジェシーと出会います。ジェシーは、彼を待ちうける運命を伝えるクローンです。それは2人にとって辛いものですが、2人とも自分たちに価値があることに気付きます。

一作目に匹敵する続編はなかなか作れないものですが、ピクサー社にそれができたのは、ストーリーを理解していたからです。ジョン・ラセターをはじめとするピクサー社のスタッフたちは、誰にも負けないくらいストーリーを理解していました。ぜひ、これらの作品を見て勉強してください。

「ジョーズ」をもう一度見てみましょう。水を恐れる男が、サメと闘うという儀式的苦痛を経て変わります。それにより、彼自身も救われます。

ジェームス・キャメロン監督は、ともすればB級映画になりえた「ターミネーター」を驚異的な大ヒット作に仕上げました。リンダ・ハミルトン演じるサラ・コナーは、追い詰められ死にかけるという儀式的苦痛を経験します。そして最後には、自分の人生の重要性を理解している女性へと変容します。また、数々の試練にさらされた結果、彼女は少女らしさを失っていきます。つまり、大人になるのです。

続編の「ターミネーター2」では、サラ・コナー自身が追い詰める役になります。未来にとって危険な存在を殺害しようとするのは彼女です。儀式的苦痛を経て、彼女は自分が最も憎むものになっていきます。

キャメロン監督のもう一つの大ヒット映画「エイリアン2」では、シガニー・ウィーバー演じるリプリーが、一作目の「エイリアン」で繰り広げたエイリアンとの死闘に毎晩うなされています。彼女は再びエイリアンと戦うという儀式的苦痛を経て、悪夢から解放され、自分自身を取り戻します。

ビリー・ワイルダーもキャラクターを変化させることのパワーを熟知していました。アメリカン・フィルム・インスティチュートが選出したアメリカ映画ベスト100の中に、彼の作品は4本も入っています。

「サンセット大通り」では、売れない脚本家ジョー・ギリスが、追手に隠れて暮らすために魂を売り、往年の映画スター女優に囲われます。彼は彼女のペットとなります。実際、彼らが初めて出会ったのは、彼女がペットにしていたチンパンジーが亡くなった直後でした。次に現れたジョー・ギリスがこの女性の家に住み込むのは、ごく自然な成り行きと言えます。あるシーンで、彼女がジョーにタキシードを着させますが、これは俗に「monkey suit」とも呼ばれます。ジョー・ギリスは囲われるという儀式的苦痛を通じて、プール付きの家があるからといって、自分の信条まで売り渡してはならないことを学ぶのです。

魂を売るというアイデアは、ほかのワイルダー作品でも繰り返し登場します。「アパートの鍵貸します」では、ジャック・レモン扮する男が、出世のために、自分が勤める保険会社の重役に逢引き場所としてアパートの部屋を貸します。自分の部屋に入れないので、ときには公園で寝ることもあります。もちろん、後に彼は毅然と立ち上がります。

また、シャーリー・マクレーンが重役の不倫相手の女性を演じています。この魂を売るというアイデア、つまり売春的行為は、重役がクリスマスにプレゼントを買う時間がなかったと１００ドル札を渡してきたとき、彼女に重くのしかかってきます。この儀式的苦痛を通じて自分を安っぽく感じたシャーリーは、自分のことを大切にしてくれる人と一緒になれるよう、自分自身を見つめ直します。

登場人物によって異なりますが、彼らが学ぶ教訓は本質的に同じです。つまり、彼らはお互いにとってのクローンです。

変わるのは簡単ではなく、抵抗も感じるものなので、ストーリーテラーはキャラクターに可能な限りのプレッシャーを与える必要があります。追い詰められるだけ追い詰めて、変わらざるを得ない状況にするのです。痛みもできるだけ多く加えます。物理的または精神的な死の瀬戸際まで追い詰めてください。主人公の存在感は葛藤の大きさで決まるので、手加減は無用です。

輪廻を信じる人々は、人生において学ぶべきものを習得するまで、死んでは生まれ変わると信じています。与えられた使命を達成すると、より高尚な人間となり、報われます。

輪廻を信じていなくても、このアイデアを演出することは可能です。多くの人は、何回も同じミスを繰り返しながら生きていくことを知っています。たとえば、自分のことを下に見る相手とばかり付き合う人がいます。その状況を呼び込んでいるのは自分自身であると気付かない限り、その人は幸せになれません。つまり、報われないのです。

映画「恋はデジャ・ブ」は、このコンセプトをストーリーという形で示した良い例です。ビル・マーレイ演じる主人公は、毎日生まれ変わっているようなものです。そのサイクルから抜け出すために自殺まで試みますが、うまくいきません。彼が報いを得られるようになるのは、自分以外のことに目を向け、良い人になり始めてからです。その後、彼は「ステップアップ」してより高尚な人間になっていきます。

キャラクターは、自分が望むものを理解していても、自分に必要なものはほとんどわかっていません。ストーリーの終盤、キャラクターは望んでいたものに近付きながらも、自分に必要なものを選択します。たとえば「カサブランカ」では、ハンフリー・ボガートがストーリー全体を通じて望んでいたもの、つまり女性を自分のものにします。しかし最後は、夫と一緒に逃げるよう女性に勧めます。彼に必要だったのは、イングリッド・バーグマン演じるヒロインを諦めることでした。自分が望むものに固執している間は、冷酷で自分勝手な男でしかありません。実際、「俺は誰のためにも自分自身を危険にさらしたりしない」とさえ言っています。最後に、愛する女性が夫と無事逃げられるよう、自分の身を危険にさらしたことで、観客は彼が良い人間になったことを知ります。彼はストーリーが進むにつれ成長し、より高尚な人間となったのです。

「アパートの鍵貸します」では、ジャック・レモン演じる主人公が、ストーリーの冒頭から望み続けた昇進のチャンスを手に入れます。しかし、自己犠牲と決別して、そのオファーを断ってしまいます。彼は高尚な人間になりました。そして彼のこの決断は、愛する女性を手に入れるという形で報われます。

「E.T.」に、エリオットが本当はずっと一緒にいてほしい友達を帰らせるシーンがあります。自分の望みよりも友人の希望を優先させたのは、彼にとっては辛い決断でしたが、正しい行いでした。エリオットも儀式的苦痛を経て、高尚な人へと成長したのです。

「E.T.」を見た大半の人は、自分勝手な子供が思いやりのある少年に変化したことに気付かないかもしれませんが、間違いなく感じ取っています。

儀式的苦痛とは、キャラクターの個性の一面を痛みをもって消し、新たな一面を加えることを意味します。

キャラクターの変化や成長は、インビジブルインクの中でも最も強力な形態の1つです。このインビジブルインクをぜひ皆さんの作品に取り入れてください。

個人的な修羅場の練習

この練習では、実例を挙げながら、キャラクターにふさわしい儀式的苦痛を特定する方法を紹介します。

ギリシャ神話では、ゼウスとデメテルの娘のペルセポネーネがハデスに誘拐され、冥府へと連れ去られます。

私はつい最近この神話を読み、変化するキャラクターは皆冥府に行っていることに気付きました。キャラクターは、できれば避けたい状況に直面して、地獄のような苦しみを味わねばなりません。より正確に言うと、そのキャラクター自身にとっての個人的な修羅場です。その修羅場に直面することで、彼らは変わります。

再びミダス王の話を見てみましょう。王が望むのが黄金だけならば、ストーリーテラーはミダス王を冥府へと連れていく方法を模索したでしょう。しかし実際はどうでしょうか？　ストーリーテラーは、王の望み通りに、触れたものをすべて黄金に変えられる能力を授けます。ところがその後、愛する娘まで黄金に変えてしまったミダス王は、この授かり物が呪いであることに気付きます。ミダスは、黄金よりも重要なものがあることを学ぶのです。個人的な修羅場によって、王は変わりました。

映画「ジョーズ」で、水を死ぬほど怖がる男の修羅場はどこだと思いますか？　どう猛なサメが泳ぎ回っている海の真ん中です。

「ヘビだ、よりによってヘビがいる」これは「レイダース／失われたアーク《聖櫃》」で、インディアナ・ジョーンズが大量のヘビが這いまわっている場所に降りねばならないときに言う台詞です。観客には、それがヘビでなくてはならない理由がわかっています。映画の冒頭で、インディアナ・ジョーンズはヘビが苦手なことを知らされているからです。ほしいものを手に入れるには、冥界、つまり彼にとっての修羅場をくぐり抜けねばなりません。

古典名画「素晴らしき哉、人生！」では、ジョージ・ベイリーが自分なんか生まれてこなければよかったと思っています。個人的な修羅場の中で、彼は自分が生まれなかった場合の世の中を見せられて、そこは決して素敵なところではないことを発見します。

アルフレッド・ヒッチコック監督の「疑惑の影」では、若い女性がもっと刺激的な毎日を欲しています。大好きな叔父がやって来たことでワクワクするのですが、その叔父は殺人者とわかります。

「オズの魔法使い」では、家を出たがっているドロシーのところに竜巻がきて、彼女を遠くに吹き飛ばします。もうおわかりでしょうが、個人的な修羅場に陥ったことで、彼女はひたすら家に帰ることを望みます。

「ファインディング・ニモ」では、過保護な父親がいつも息子を監視して、家の近くに留めておこうとします。何が起こると思いますか？　息子が人間に捕らえられてしまいます。これは、父親にとっての個人的な修羅場です。

「世界中ごまんと酒場があるというのに、なぜ彼女はこの店に来たんだ」これは「カサブランカ」でハンフリー・ボガートが言う名台詞です。彼がこう言うには、忘れようとしていた昔の恋人が、彼の元にまた現れたからです。彼にとっての個人的な修羅場です。

個人的な修羅場は、一番簡単にインビジブルインクを作品に適用できる方法ですが、その効果は絶大です。ストーリーの要点を容易に明らかにできます。キャラクターが死んだほうがましだと思うぐらいのことを見つけ、それをやらせてください。

ここで実際に練習してみましょう。次に紹介するキャラクターを個人的な修羅場へと導いてください。正解はありませんが、キャラクターを修羅場に陥らせるか、なるべく避けたいようなことをやらせます。

例：お金を増やすことにしか興味がない金持ち。
個人的な修羅場：無一文になる。
例：家から出たがっている少女。
個人的な修羅場：望みがかなうが、何としても家に帰りたいと願うようになる。

問題：
キャラクター：自分の外見ばかり気にするうぬぼれの強い女性。
個人的な修羅場：
キャラクター：人嫌いでずっと1人で過ごしたいと願う女性。
個人的な修羅場：
キャラクター：有名になることしか頭にない男性。
個人的な修羅場：
キャラクター：過去にすがって生きる男。
個人的な修羅場：
キャラクター：暗殺者として生きてきた男性。
個人的な修羅場：
キャラクター：潔癖なあまり誰も家に入れない女性。
個人的な修羅場：

キャラクター：嘘つきで女たらしの男性。
個人的な修羅場：
キャラクター：金持ちとしか付き合わない女性。
個人的な修羅場：
キャラクター：世界中を旅しながら暮らしたいと願う男性。
個人的な修羅場：
キャラクター：正直な警察官。
個人的な修羅場：
キャラクター：自分の技術に絶対的な自信を持つ発明家。
個人的な修羅場：
キャラクター：甘やかされた子供。
個人的な修羅場：

苦難

自らのための行いは死とともに消えるが、人や世界のための行いは永遠に行き続ける。

―アルバート・パイン

犠牲は、主人公をヒーローに仕立て上げるのに重要な要素です。何でも簡単に済ませる人はめったに尊敬されません。称賛されるのは、戦ったり犠牲を払ったりした人たちです。

私は以前、ナチスの強制収容所で、ある男が別の男の身代わりに処刑された話を聞いたことがあります。当初処刑されることになっていた男には家族がいて、ナチスに命乞いをしました。身代わりになった男には家族がいなかったので、その男と家族のために自分を犠牲にしたのです。誰でもそうしたいとは思いますが、実行に移せる人はほぼいません。だからこそ、自分よりも他者の望みを優先できる人がヒーローなのです。

「素晴らしき哉、人生！」のジョージ・ベイリーは、生涯を通じて他人のために自分を犠牲にしています。この自己犠牲が、観客にはヒーローとして映ります。

これはビジブルインクだと思うかもしれませんが、巧みに使用されていると観客は気付きません。

キリストの磔刑を思い出してください。キリストは十字架にはりつけられて苦しみます。重要なのは、ストーリーのこの部分を伝えることです。何といっても彼は神の子です。どんな奇跡でも起こせるわけです。人によっては、十字架の上で彼が苦痛を感じていたことを疑問視する人もいるでしょう。イバラの冠、十字架を背負うこと、刺し傷などは、すべてストーリーを語る上で欠かせない細部です。

キリストは、「わが神、なぜわたしをお見捨てになったのですか?」とも言います。奇跡を起こせるにも関わらず、苦難の痛みから逃れなかったという事実を伝えることが大切です。このストーリーが持つパワーは、私たちが抱いたであろう苦悩を彼が背負ったという考え方にあるからです。多くのヒーローと同様、キリストは他者のために苦悩したのです。

そしてご存知のように、キリストは墓から起き上がり、天国へと昇っていきます。彼の痛みは報われたのです。

北欧神話によれば、主神であるオーディンは、知恵を授かるために片目を失いました。知恵を得るのは決して簡単ではないということです。

小説「ハックルベリー・フィンの冒険」では、ハックは逃げ出してきた奴隷のジムを守るべきかどうかで迷います。この時代では、奴隷の逃亡を助けるのは犯罪でした。しかし、ハックはジムとの交流を深めるにしたがい、彼を1人の人間として見るようになります。

ハックは終盤に、友人を差し出すぐらいなら罪を犯してもかまわないと決断します。

彼は言います。「それなら、俺は地獄に行こう」友人を助けたら、自分は一生罰を受け続けると信じていました。これは、かなり大きな犠牲です。

私たちは、小さな犠牲に対しても敬意を払う傾向があります。私の親友に、自分の過ちを快く認める人がいます。彼ほどすぐに認める人に会ったことがありません。それも些細な過ちだけでなく、重大な過ちも進んで認めます。自分のミスや欠点を快く認められる人がどれほどいるでしょうか？その友人がヒーローだと言うつもりはありませんが、彼のような潔さにはある程度の勇気が必要です。自らをあえて感情的に傷つきやすい状況に置くわけですから。感情的な痛みは肉体的な痛みと同じ、ときにはそれ以上のダメージとなる場合もあります。

映画「ターミネーター２」では、未来から来たロボットが人類のために犠牲になります。かつての殺人マシンがヒーローになるのです。

このように、すべての変化するキャラクターには、最低でも感情的な死に匹敵するようなことが起き、それをきっかけにキャラクターは生まれ変わります。

十分なプレッシャーをかけて追い込むことで、石炭がダイヤモンドに変身します。

蝶から毛虫

一度闇の道を進み始めたら、闇が一生お前の運命を征服し、食い尽くすだろう。
―ヨーダ「スター・ウォーズ エピソード5／帝国の逆襲」

キャラクターは、必ずしも良い方に変わるわけではありません。ストーリーの中には、いかに人が堕落していくか、いかに堕天使になるかを描いたものもあります。

映画「ゴッドファーザー」のマイケル・コルレオーネは、第二次世界大戦の英雄として復員した、高潔な男として登場します。婚約者のケイにファミリーの違法な活動を伝えるときも、「俺と家業とは関係ない」と言うぐらい、一線を画しています。

では、彼を変えることになる儀式的苦痛は何だったのでしょうか？　父親が撃たれたことです。家業は認めていなくても、ファミリーの一員としての絆は大切でした。

彼の変化は、最初はゆっくりしたものでした。まず、入院中の父にとどめを刺そうとする男たちから父を守ろうとします。観客は、当然のこととしてそれを受け止めます。暗殺者から愛する人を守ろうとしない人はいないからです。

次に、マイケルは父を撃った連中を殺すことにし、実際に殺すのですが、これは正義ではなく報復です。マイケルの父は、撃たれはしましたが、傷を負っただけで死んではいません。ストーリーのリアリティによっては、これが大した意味を持たない場合もありますが、このケースでは違います。なぜなら映画のオープニングシーンで、マイケルの父親自身が正義と報復の違いを述べているからです。娘を強姦されそうになった男に殺人を依頼されるシーンで、父親は、それは正義ではなく報復であるとはっきり語っています。

ボナセーラ「何でもしますから。私の願いを聞いてください。」

ドン・コルレオーネ「願いとは？」

ボナセーラ、ドンの耳元でささやく

ドン・コルレオーネ「無理だな。」

ボナセーラ「ただ正義の裁きをと・・・」

ドン・コルレオーネ「裁判所が下した判決が正義だ。」

ボナセーラ「目には目を！」

ドン・コルレオーネ「あんたの娘は生きている。」

このシーンがあるから、観客はマイケルが「闇の道」に足を踏み入れたことがわかります。そして、どんな風にその世界に引き込まれていくかを見ています。天使が堕落したのです。

このドン・コルレオーネとボナセーラのやり取りは映画の冒頭にあるので、インビジブルインクになっています。観客は、このシーンがその後の展開とつながっているとは夢にも思いません。多種多様なインビジブルインクと同様に、潜在意識レベルで効いています。

フリップフロップ

ここでいうフリップフロップは、サンダルのことではありません。フリップフロップとは、まったく異なる性格を持っているものの、互いの性格を吸収し合うキャラクターを指して私が命名したものです。

ニール・サイモンの戯曲「おかしな二人」に登場するオスカーとフェリックスは、おそらく最も有名なフリップフロップでしょう。フェリックスは綺麗好きで口うるさく、オスカーはずぼらで無愛想です。2人とも結婚に失敗し、成り行きで一緒に住むことになります。2人の性格は正反対なので、対立を演出しやすく、当然のようにコメディになります。2人にとっては、一緒に住むことが儀式的苦痛です。

ストーリーが終わる頃には、観客はなぜ彼らの結婚が破綻したかわかります。なぜならこの2人の組み合わせは、それぞれの結婚のクローンだからです。しかし、やはり2人のキャラクターは変化します。互いの欠点に気付き始めると、2人は徐々に歩み寄ります。

実際、最後の方では、オスカーがポーカー仲間にタバコの灰に気を付けるよう言います。そしてこう続けます「ここは俺の家だ。豚小屋じゃない」冒頭で見たオスカーからは、想像も付かない変わりようです。

古典作品の例としては、「アフリカの女王」もあります。この映画では、ハンフリー・ボガートがぶっきらぼうで飲んだくれの船長を演じ、キャサリーン・ヘプバーンが彼に対するフリップフロップを演じます。彼女は古風な布教家で、強い酒などの下品なものは毛嫌いしています。2人の間にある共通点といえば、同じ小船に乗り合わせたことくらいです。

危険な川を一緒に下るという儀式的苦痛を経て、2人ともより豊かな人間へと変わっていきます。それぞれに欠けているものがありますが、互いの性格を吸収し合うことで、より完璧な人間へとなるのです。

「美女と野獣」のように、一方のキャラクターのみが変わり、もう片方はその変化を促すだけというケースもあります。野獣の内面が女性の愛を勝ち取れるほどに変わったとき、外見もハンサムな男性に変わります。外見の変化は、内面で起きた変化が反映された結果にすぎません。

「シュレック」では、このアイデアをじょうご状の緑色の耳で示していますが、ストーリーとしては同じです。シュレックはありのままの自分に十分満足していて、変わらなくてはいけないのは姫の方です。

変わらないキャラクター

キャラクターは必ず変化しなくてはならないのでしょうか？　そんなことはありません。ただし、ストーリーの骨組みと、その骨組みを伝える理由については常に念頭に置いておく必要があります。骨組みを踏まえて決めてください。どうすれば、自分が伝えたいことを一番効果的にドラマ化できるかを考えましょう。

次のストーリーは、厳密には変わらない人の話ではありませんが、私が言いたいことがよく表れているので紹介します。私は子供の頃、ロッド・サーリングの「トワイライト・ゾーン」の再放送を見て、ストーリー構成について多くのことを学びました。「こどもの世界」というエピソードでは、人の心が読めて、何でも思い通りにすることができる6歳の少年が、オハイオ州にあるピークスビルという小さな町を完全に支配しています。この町以外、地上には残っていないという設定です。

町に残されたわずかな人々は、少年の機嫌を損ねないよう、常に殻に閉じこもって生活しています。皆とても惨めですが、それでも良いことを言い、良いことを考えるよう努めています。少年に悪い考えを聞かれると、火あぶりなどの無残な方法で殺されるかもしれません。少年が2匹の「クローン」動物を殺すシーンで、視聴者は彼のパワーを思い知ります。少年の両親でさえ、恐怖に怯えながら暮らしています。

ある晩、少年の家で町民の誕生日会が開かれます。誕生日を迎えた男は、友人がやっとのことで手に入れたプレゼントを受け取ります。町には食料をはじめとする生活必需品や贅沢品が不足しているのですが、少年はその補充を拒んでいます。

少年は、音楽は好きですが歌を毛嫌いしています。男が受け取ったプレゼントの1つは、彼がお気に入りの歌手のレコードでした。男はその場でレコードをかけようとしますが、周囲の人たちに止められます。気分を害した男は、別のプレゼントでもらったライウィスキーを飲み始めます。ほどなくして酔いが回り、皆に聞こえるような大声で文句を言い出します。

ほかの皆はパニックになり、少年の気を紛らわしながら男を落ち着かせようとしますが、男はさらに声を張り上げます。驚くことに、少年は酔っ払いの暴言を無視します。しかし、男はさらに騒がしくなって、迷惑な状態になります(視聴者は、何か恐ろしいことが起きると分かっていますが、ストーリーテラーはこのシーンを耐えられないほど長く引き伸ばします。対立を期待させるのは、強力なインビジブルインクとなるからです)。

反抗的な態度を取り続ける男は、周囲の哀れな人たちをたきつけて、「ハッピー・バースデイ」を一緒に歌おうとます。ここで少年は我慢できなくなり、その男を不快げに見つめます。

男は少年に向かって歌っており、それは明らかに自殺行為です。少年の関心が男にのみ向いたことがわかると、男は後ろから忍び寄って少年を殺すよう周囲を促します。リスクを犯してくれと頼むのです。そんなことをしたら自分も殺されるかもしれませんが、成功すれば惨めな状況から脱け出せるはずです。

ところが、動く人は誰もいません。少年は残酷なやり方で男を殺します。

その後、少年が外に雪を降らせていることに父親が気付きます。雪で作物がダメになってしまうので、父親は激怒し、少年を怒鳴りつけます。しかしすぐに気を取り直し、雪を降らせるのはいいことだと少年に言います。

これでおしまいです。

このストーリーでは、変わらないのはキャラクターではなく状況ですが、考え方は同じです。

このストーリーの骨組みは何だと思いますか？　それは、「無断で人を支配することは許されない。誰かの言いなりになって生きるより、迫害から解放されるためにチャレンジした方がましだ」ということです。ガンディーは、大英帝国による自国の支配を受け入れないことで、独立を勝ち取りましたが、まさにそれです。

このエピソードでは、酔っ払った男がヒーローになります。彼は、残された人たちのために自分を犠牲にしたのです。ほかの人々は臆病者にしか見えません。

ところで、ストーリーテラーは、どうして何も変えずにストーリーを終わらせたのでしょうか？

理由の1つは、これが要点を伝えるのに最適な方法だったからです。また、事態が変わるチャンスがあったのに変わらなかったことを、視聴者に見せたかったという理由もあります。そこからは、迫害者の少年に抵抗すればよかったのに、という思いが読み取れます。その後どうなっていくかを見る側に知らせる分岐点は、ある種のインビジブルインクです。

エンディングで雪が降ったのも、今後状況は変わらないことを示す重要な要素です。「以来ずっと」何も変わらないのです。

主人公の死

命をかけてもいい何かを見つけていない人間は、生きるのにふさわしくない。

―マーティン・ルーサー・キング・ジュニア

主人公に究極の犠牲を払わせることができれば、それに越したことはありません。しかし、その前にキャラクターのストーリーを完結させる必要があります。キャラクターが道半ばで死んでしまったのでは、観客は満足できません。

主人公が映画の前半で死んでしまう最も有名な例の1つは、「サイコ」のジャネット・リーです。この演出は当時相当な話題になり、画期的だと騒がれたそうです。確かに画期的ではありますが、ヒッチコック監督の脚本のジョセフ・ステファノはルールから逸脱していたわけではありません。ジャネット・リー扮するキャラクターについては、ストーリーがすでに完結していました。

「サイコ」で、ジャネット・リーは上司から預かった金を盗むマリオン・クレインという女性を演じています。彼女は頼まれた銀行へは行かず、町を出て、ベイツという名前のモーテルでノーマンと出会います。ノーマンがサンドイッチを作り、彼女はモーテルの応接室でそれを食べます。そこで、ノーマンと「母親」との関係について次のような会話が交わされます。

マリオン　「逃げたら？」
ノーマン　「君のように？」
マリオン　「いえ、そうじゃないけど。」
ノーマン　「そりゃできないね。誰が病気の母の世話をする？　あそこでひとりぼっちだ。暖炉の火が消えたら、墓場になってしまうよ。愛する者にそんな仕打ちはできない。僕は母を憎んじゃいないよ。母をこんなにした病気を憎んでいるんだ。」
マリオン　「預けたらどうなの？　どこかへ？」
ノーマンの表情が暗くなる。そして前に乗り出す。
ノーマン　「施設のことかい？　精神病院へか！　はっきり言ったらどうだい。『どこか』じゃなくてさ。」
マリオン　「ごめんなさい。別に悪意は・・・」

ノーマン　「知ってるかい？　そこが一体どんな所なのか？　わめく人々、それを監視する残酷な目。母をそんな所へ？　母は無害だ。はく製のように無害な人さ。」

マリオン　「ごめんなさい。さっきは・・・そう思えなかったので、ただ心配して。」

マリオンは彼の豹変振りに、驚きを通り越した表情になる。

ノーマン　「皆さん心配してくださるよ。そして遠まわしに勧めるんだ。（彼は椅子に深くかけ直し、興奮が収まり、やさしい口調になる）そりゃ僕だって考えた。でももうたくさんだ。母には僕が必要さ。母は正気を失って無謀なことをするんじゃない。時々変になるだけだよ。誰にでもあることさ。そうだろ？」

マリオン　「（彼女の不安な表情が緩む）そうね。でも一度だけでたくさん。ありがとう。」

ノーマン　「ノーマンだよ。」

マリオン　「ノーマン。」
ノーマン　「何だい、もう部屋に戻るの？」
マリオン　「疲れているのよ。明日はフェニックスへ帰るの。」
ノーマン　「帰る？」
マリオン　「罠にかかった私だったけど、やはり帰って抜け出すわ。手遅れになる前に。」

立ち上がって部屋に戻ろうとする。

このシーンの最後で、マリオンはお金を返す決心をします。つまり良い人になったのですから、その後ショッキングな殺され方をしても、観客は彼女に対して悪い印象を持ちません。

「テルマ＆ルイーズ」のテルマは、ルイーズの性格を見習ってより強い人間になります。彼女のテーマの旅は完結しているので、もういつ死んでもかまいません。観客は悲しむかもしれませんが、やはり悪い印象は持ちません。

ビリー・ワイルダーも何人かの主人公を死なせています。「サンセット大通り」では、最後にジョー・ギリスが死にますが、それは彼が良い方向に変化した後でした。「サンセット大通り」のような巧みに構成された脚本を書いた人はわずかしかいません。もちろん、ワイルダー自身を除けばという意味ですが。

映画「地獄の英雄」では、カーク・ダグラス演じる落ちぶれた新聞記者が、落盤事故で生き埋めになった男を大スクープに仕立てるために、できる限り救出を遅らせようとします。彼は、再び以前の輝きを取り戻し、ピューリッツァー賞を手にしたいと思っています。

彼は、ほかの人たちを説き伏せて自分の計画に協力させますが、生き埋めになった男を実際に助け出すエンジニアを含め、自己中心的な人ばかりです。生き埋めになった男は体調が悪化し、誰の目にも死にそうなことが明らかでした。ここから新聞記者が変わり始めます。自分のやったことに罪悪感を感じるようになるのですが、男を助け出すには時間が足りません。

結局、この新聞記者は腹を刺されてしまいます(その経緯については、実際に映画をご覧ください)。しかし、自分の怪我の手当てをする代わりに、彼は教会に駆け込み、生き埋めになった男が死ぬ前に懺悔できるようお願いします。彼はまた、自分が犯した過ちについても死ぬ前に告白します。

つまり、自分の傷の手当をしないで命を犠牲にしてでも、ほかの男が懺悔できるようにしたのです。観客には、この新聞記者がストーリーの冒頭よりも良い人間になって死んでいくことがわかります。

映画「明日に向かって撃て！」はどうでしょうか？ 彼らは死ぬまで悪人のままです。これは紛れもない事実です。しかし、途中で分岐点と言える場面があり、まっとうな道を進む可能性もありました。彼らも試してはみたものの、彼らにはまったく不向きな道でした。

ボリビアに逃げ出す前、彼らは超人的とも言える追っ手に追われます。観客の目には、死が彼らを追いかけているように映ります。「彼らが最後に変わらなければ、死が彼らを追い詰める」と観客は思うはずです。しかし彼らは変わることを拒み、栄光の輝きへと突き進みます。先に紹介した「トワイライト・ゾーン」のエピソードと同じように、たとえ選択しなかったとしても、別の道があることを観客に示すことが重要です。

5章

真実を伝える
男らしさと女らしさ
現実のドラマ
ジャンル神話
クライマックス
機械仕掛けの神
サポートプロット（サブプロット）
奴隷であって、主人ではない

真実を伝える

芸術はプロパガンダではないことを忘れてはならない。芸術は真実をかたどったものである。
―ジョン・F・ケネディ

本書から特に得るものがないと思っても、常に真実を伝えるということだけは忘れないでください。ありのままの真実のみを伝えます。これさえ守れば、ストーリーテラーの名人です。しかしこれは、言うほど簡単ではありません。

フィクションで真実を伝えるというのは、どういうことでしょうか？　1つ言えるのは、事実を伝えるという意味ではないということです。ストーリーテラーが考慮すべきは、事実ではなく真実です。場合によっては、事実が真実を妨げることもあります。

たとえばホラー映画で、下着姿の少女が1人で地下室に行ったら、観客はそこに行くべきでないと思います。彼女にはほかに選択肢があるのに地下室へ行ってしまうのですが、それは真実とは言えません。彼女がそんな行動を取ったのは、ストーリーテラーがそう望んだからで、分別のある人が取るべき論理的な行動だからではありません。

一方で、少女が理にかなった行動を取り、少し知恵もあるにも関わらず、怪物に捕らわれてしまったら、それこそまさにホラーです。

フィクションの中の真実の例をいくつか紹介しましょう。「素晴らしき哉、人生！」では、ジェームズ・ステュアートは自殺を試みるほど神経が崩壊しています。映画とは思えないほどリアルで、真実に迫るものがあります。フランク・キャプラ監督は陽気な作風で知られていますが、陰気なシーンでも必ず真実を伝えていました。人々の心の奥底に訴えたいのであれば、とにかく真実を伝えてください。

映画「ビッグ」で、トム・ハンクスが望み通り大人になったのを覚えていますか？　家を追い出された晩、彼は安っぽいホテルに泊まります。そこで彼は泣きます。これはコメディだったはずですが、トム・ハンクスが泣いているシーンでは、誰も笑いません。事実、見ているのが辛いシーンでした。制作者は、このシーンで真実を演出したのです。

１８４０年代の入植団のドナー隊は、山地で雪のために孤立し、生き延びるために人肉食に及びます。決して明るい話ではありません。しかし、この事件を読んだチャーリー・チャップリンは、これを面白いと思ったそうです。

このドナー隊の事件は、チャップリンの名高い作品の中の最も有名なシーンにつながります。「黄金狂時代」で、吹雪の中、もう一人の遭難者と小さな山小屋に避難するシーンです。２人とも飢えています。そうした状況でもユーモアあるアクションが繰り広げられますが、彼らが本当に空腹であることだけは観客も忘れません。

何も食べるものがなくなったとき、チャップリンが革靴を煮込みます。そして、チャップリンはあたかもスパゲティでも食べているかのようにその靴を口にします。まるでちゃんとした食事をしているかのように。彼は、悲劇をおかしなものに仕立て上げました。これを言うのは私が最初ではありませんが、真実は面白いものなのです。

「レイダース／失われたアーク《聖櫃》」にも、真実の好例があります。剣術使いで見るからに強そうな男とインディアナ・ジョーンズが対決するシーンがあります。私は凄いアクションシーケンスを予想して、映画館で身を乗り出して見ていました。ところがインディーは、冷静に銃を取り出して、その男を撃ち殺します。当時映画館で見ていた方ならご存知のように、笑いが起こりました。なぜおかしかったのでしょうか？　なぜなら、それが真実だったからです。インディアナにしてみれば、最も論理的な方法をとったにすぎません。

昔テレビで放送していた「怪鳥人間バットマン」では、いつも悪者がピタゴラスイッチのような仕掛けを使ってバットマンをやっつけようとします。幼い私でも、なぜ誰も銃で撃たないのかと不思議に思ったぐらいです。それは偽りで、視聴者は皆そのことを承知していました。

偽りは「ビジブルインク」です。見る側に丸見えなので、効果は期待できません。

「ロザンヌ」は、番組内で偽るのを拒むことで、テレビの一面を変えました。彼女は、テレビでは初めて「リアル」な母親を演じました。

映画「ハイスクール白書 優等生ギャルに気をつけろ！」では、驚くほど正直な描写が見られます。集まった生徒たちの前で少女がスピーチをするシーンでは、高校生活で多くの人が感じるようなことが正直に語られるので、まるで自分の日記を読まれているのかのような気持ちになります。

この作品には、主演のマシュー・ブロデリックが不倫に備えてバスタブで股間を洗うシーンもあります。そんな行為を公に認める人は少ないでしょうが、観客で埋め尽くされた映画館は、内心ではそれを認めたことを意味する笑いに包まれます。この映画は、人間の行いを正直に生々しく描写した作品です。

物書きの多くは、個人的なことを紙に書くことに抵抗を感じます。個人生活をのぞき見できる窓となるので、書いた内容で、自分を判断されたくないからです。しかし、実際には誰もが同じようなことをしています。良い行動も悪い行動も、自身の行動を掘り下げていくと、人はますます自分自身を見つめるようになるので、いつしかあなたの存在は黒子のように目立たなくなります。

第二次世界大戦の終戦から数十年を経て、ヒトラーのカラー映像が見つかりました。一部の関係者からは、怪物は実は人間だったとわかっては好ましくないので、公開は控えるべきとの意見が出ました。隠すことでヒトラーを怪物に仕立てていました。しかし、実際は彼は宇宙から来た生物なのではなく、普通の人間でした。事実に向き合った方が、メッセージがずっと効果的に伝わります。つまり、気を付けていないと、新たな怪物を作り出す可能性があるということです。

ヒーローに関しても同じです。ヒーローにも恐怖や迷い、人としての弱点があることを示したうえで、勇敢な行動を取らせた方が、より強いヒーロー像を作り出せます。

最悪の人間にもどこか取り柄があり、最高の人間にも悪い面はあります。これは、多くの人が認めたがらない真実ですが、ストーリーテラーは常に真実を照らし出さなくてはなりません。

真実は、どんな巧妙な偽りよりも常に悲しく、ハッピーで、おかしく、怖く、そして意味深いものです。さらに重要なのは、観客にそれを「見せる」のではなく、感じてもらうことです。

男らしさと女らしさ

「王が死に、そして女王が死んだ」というのはストーリーである。「王が死に、そして女王が悲しみから死んだ」というのはプロットである。

－Ｅ・Ｍ・フォースター

上の格言は、プロットとストーリーの違いを定義するものとしてよく使用されるものですが、ここでの用途は異なります。この格言をベースに、私が呼ぶところのストーリーの「男らしさ」と「女らしさ」を説明します。

まずは、背景を簡単に紹介します。「アクターズ・スタジオ・インタビュー」で、シャーリー・マクレーンが１日のどの時間帯に執筆するかを尋ねられていました。現在のことは太陽が放つ男らしいエネルギーが注いでいるときに書き、遠い過去のことは月が放つ女らしいエネルギーが注いでいるときに書く、と彼女は答えていました。

月は女らしく、太陽は男らしいと考えるのはどこか古風な感じがしますが、私の中では腑に落ちました。このフレーズはなぜか私の頭から離れず、私はこれら２つの属性をストーリーの視点から見るようになりました。そしてあるとき、ストーリーには男らしさと女らしさがあるという考えがひらめいたのです。

この仮説を試しにいくつかの古典ストーリーに当てはめてみると、見事にあてはまりました。そして自分の作品に適用してみると、ストーリーの質が上がりました。友人や教え子たちの作品でも、やはりその仮説が役立ったそうでした。

私の中での定義では、男らしい要素は外面を、女らしい要素は内面を指します。これらの要素が同等またはそれに近い状態で含まれていないと、ストーリーのバランスが悪くなります。

漫画のストーリーに対する一般的な考え方を見てみましょう。四角い顎のヒーローは、何でもできて自分に疑問を持つことなどありません。正義の味方と悪、正しいか間違っているかというコンセプトはとても漫画的です。グレーはなく、あるのは白と黒だけです。すべてが表面上に見えていて、外面的です。これが、男らしさです。

次に、典型的な昼メロを見てみましょう。感情の起伏がすべての世界です。感情にさえ強く訴えられれば、理不尽極まりない状況も問題ありません。大切なのは、キャラクターが内面でどのような体験をしているかです。これが、女らしさです。

スリリングな展開で、たくさんのものが爆破されたり、大勢が死んだりするようなアクション映画は、男性に好まれます。しかし、感情の起伏が欠落しているため、大半の女性は退屈に感じます。

反対に、人々の心の葛藤が中心になっていて、ストーリー性や進展がない映画では、その展開の遅さから男性は飽きてしまいます。

ここで一般論を言わせてください。誰がポルノを買い、誰が恋愛小説を買うと思いますか？　前者は感情抜きですべてが外面的ですが、後者は主に内面的で、感情がメインです。どちらも非現実的なファンタジーの世界です。映画の世界では、これらをそれぞれ「ボーイ・ムービー」、「チック・フリック」と呼んでいます。

アクション映画、昼メロ、漫画、ポルノ、恋愛小説といった思慮の足りない作品が「くだらない」と思われがちなのはなぜですか？　やましい娯楽として楽しんだ人でもそう感じるようです。その理由は、バランスが取れていないからです。

女らしさと男らしさのどちらが優れていて、どちらが劣っていると言いたいのではありません。片方しかない作品は偽りだと言っているのです。繰り返しになりますが、ストーリーテラーの仕事は真実を伝えることです。真実を伝えられれば、いっそう心に響くストーリーとなります。

ストーリーで、何の脈略もなく1人の男が50人もなぎ倒すのは偽りです。人が殺されるには、そこまでの成り行きがあるはずです。また、殺された人の家族や近所の人たち、それに殺した方が受ける衝撃も忘れてはいけません。

道徳的に設定が曖昧な「グッドフェローズ」や「ゴッドファーザー」などの映画でも、殺しをするまでにはそれなりの経過があります。たとえば、殺した人物が次の標的になったりします。

「剣で生きれば剣で死ぬ」これは、単なる説法や教訓ではありません。首狩り族が犠牲者の頭を小さく縮めたり、口や目を縫い合わせるのは、復讐心を中に閉じ込めておくことが理由だとされています。殺人に対して寛容な社会でも、その成り行きが見られます。

こうした理由から、成り行きを無視したストーリーは、非現実的な作り話とみなされます。ストーリーはうわべだけで、真に伝えたいことなどありません。

私がこれまで男性による脚本をいくつも読んできましたが、たいていの場合、感情やテーマがまったく息吹いていませんでした。そこにあるのはプロットだけで、さまざまなできことが起こっていても、真の目的がないのです。

一方、女性が執筆した脚本では、プロットやアクションは、感情の描写の二の次になりがちのようです。

そんなことはないと異議を唱えたい方も多いでしょうが、私の知る限り、このパターンは少なくありません。ほかの講師たちもきっと同じような考えでしょう。お願いですから、あまり過剰に反応しないでください。皆さんが男性でも女性でも、偏った脚本になる可能性があるというだけです。これはあくまでも一般論であるとは言え、私の見るところ、多くの脚本がこのケースに合致しています。真実を伝えることこそ、私の仕事です。

男らしさと女らしさの特徴を、具体的に定義してみましょう。

男らしさとは、ストーリーを外面的に前に進める要素です。たとえば、警察官のキャラクターAが、捜査していた事件の犯人が同僚であることを発見します。これは男らしい要素です。

一方、犯人の警察官はキャラクターAの親友であり、かつてキャラクターAを命がけで助けたことがあるとします。これら2つの要素をバランスよく使用すると、ドラマとしての緊張感を作り出し、観客の興味を逃さないようにすることができます。観客の脳を刺激して、「キャラクターAはどうするのだろうか?」などと考えてもらえるので、作品に深みが出ます。

このセクションの冒頭で紹介したE・M・フォースターの言葉でも、王と女王の性差を利用して、ストーリーとプロットの違いを示しています。おそらく、フォースター自身もこの点をいくらか認識していたのでしょう。

ドナー隊のことを覚えていますか? この雪山に閉じ込められた入植団が、死んだ隊員の肉を食べて飢えをしのいだ事件は、チャップリンの有名なワンシーンの元になりました。

この「死んだ隊員の肉を食べた」という表現は、感情を含まず、純粋な事実を述べているだけにすぎません。

以下に隊員の1人の日記を紹介します。

［1856年に出版されたエリザ・ファーナム著の「California In-Doors and Out」で報告されたメアリー・グレイブスの日記より］

朝が来て、大雨はまだ続いている。嵐の中、彼らは少しでも進もうとするが、すでに方向を見失い、太陽も優しくはしてくれなかった。来た道を戻って小屋に戻る案が出たが、インディアンは同意せず、ミスGは思い切って彼らに従うことを決断した。小屋に戻っても、待っているのは飢えだけだった。この先に待っている運命は、今よりひどくはないかもしれないし、良いかもしれない。ミスGの決断は、一行を奮い立たせた。一日中何も口にできず、雨は降り続いていた。夜になって雨はやんだ。認知能力に支障をきたした者や、うわ言を言う者、半狂乱になる者が出てきた。自分の状況を理解できるぐらいの正気を保っていた者も、絶望するのみだった。女性は男性よりも耐えた。生綿が詰まったケープかマントのようなものを持っている者がいて、入念に調べた結果、両肩の間の裏地が1インチ角ほど乾いているのを見つけた。裏地を破き、火打石からの火花を捕らえるのに十分な量を取り出した。斧を失くしたか、どこかに置き忘れたかして手元になかったが、わずかな枝を集めて何とか火をおこすことができた。皆で火を囲むようにして座った。ほかには何もすることがなかった。

次は、数年後に出版された書籍からの引用です。

「1864年に出版されたJ・クイン・ソーントン著の「1848年のオレゴンとカリフォルニアから」より」雪が降り始め、全員座って、先に進むべきかどうかに関する議論が始まった。男たちは、ミスター・エディを除いて先に進むことを拒んだ。女たちとミスター・エディは、このまま先に進まなければ死ぬことになると断言した。戻った方がよい理由もいくつも語られた。1日にごくわずかの食物しか食べられなかったのに、この2日間はまったく何も口にしていないことを語る者もいた。食料不足で全員が死ぬに違いないという意見も出た。そしてついに、パトリック・ドーランが生存者に食料を提供するため、死ぬ人をくじで決めることを提案した。

感情の動きを含めたことで、ただ外面的な事実を並べるよりも、この事件のインパクトが増したと思いませんか？　ドラマチックな緊張感が生まれています。

先にも述べたように、男性作家はこう書くべきで、女性作家はこう書くべきだと言う明確な線引きはありません。しかし、このコンセプトを知ってからは、どのような人たちがこの線を越えるのかを観察するようになりました。

俳優、ダンサー、ビジュアルアーティスト、詩人、脚本家、英語および文学専攻の人たちは、性別に関係なく、女らしい方向に傾きがちです。キャラクター、言葉の美しさ、景色、ムード、テーマに重点を置くことが多く、プロットは軽視する傾向があります。

女らしい映画や本は、批評家や知識層にはたいてい受けが良いのですが、観客動員という点ではめったに成功しません。一般に「性格劇」と呼ばれるこうした作品は、批評家によると、大衆には「難しすぎる」そうです。彼らの言葉を使えば、知的すぎるのでしょう。

一方で、ゲーマー、一般的な漫画の読者や作者、アクション映画好きの人たちは、男らしいカテゴリーに属します。こちらも性別は関係ありません。

理屈抜きで直感的なものを強調したストーリーの方が、観客の受けは良くなる傾向があります。夏場に公開される映画に、膨大な予算をかけて特殊効果を駆使した華やかな作品が多いのはこのためです。観客はこうした映画を見て楽しい時間を過ごします。感情的に引き付けられることは期待していませんし、そうなることも稀です。「おーっ」「あーっ」「あの爆発はすごかった！」と楽しめるだけでよいのです。

私も普通に爆破が好きですが、何が、または誰が爆破されるのかに注意するようにしています。映画「ジョーズ」では、最後にサメが爆破されます。これはストーリーの展開上欠かせないシーンであり、この1回の爆破は、ほかの映画の10回の爆破よりもインパクトがありました。ストーリーテラーは、観客はどちらか一方の種類のストーリーを望んでいると思いがちですが、両方のバランスが取れていることが重要です。見て読んで面白く、観客の心に響くストーリーとはそういうものです。観客に何も伝えたいことがないなら、ストーリーを書く意味すらありませんから。

ストーリーを書くという行為は、ただ観客に対してではなく、観客のためにすることです。観客にあなたを理解する義務はありません。彼らとコミュニケーションを取るのはあなたの仕事です。ドラマを利用して、感情的に知的アイデアを伝える方法が見つかれば、観客はそれを「受け取って」くれます。そのアイデアを言葉で表現することはできないかもしれませんが、言葉を超えた次元で理解してくれるはずです。

俳優は、たいていキャラクターに弱みを与えるような台詞を言います。このようにして、キャラクターの内面における心理的な部分を表現しているのでしょう。このような側面がないと、キャラクターは単なるものまねで、人間としては不完全なものになってしまいます。

「ジョーズ」に登場するクイントというキャラクターは、頑固で昔気質の船乗りですが、サメに襲われた恐怖体験を語ることで印象が変わります。それまでの強面なイメージから、人間らしさを感じさせるキャラクターになります。男らしさと女らしさという2つの特徴が組み合わさることで、人間であるという真実が伝わるのです。どちらか一方が欠けていれば、偽りであることがわかりますし、感じ取られます。

対立は、次のように分類できると聞いたことがあるかと思います。

- 男対男
- 男対自然
- 男対自分自身

「ジョーズ」は、男対自然に該当すると言われますが、本当でしょうか？　私には、ストーリー上の対立を男らしさという観点からしか見ていないように思えます。キャラクターが変わるわけでもなく、骨組みもない「ジョーズ」は、単なる男対自然の映画であると言うかもしれません。しかし、「ジョーズ」にはしっかりとした骨組みがあります。「ジョーズ」は、男が自身に抱える恐怖を乗り越える映画です。つまり、この作品は男対自分自身なのです。

「白鯨」も、男対自然の映画であると言われることがあります。しかし、その見方では、エイハブ船長の異常なまでの白鯨に対する復讐心と、その復讐心が最後は彼を死に至らしめることが完全に無視されています。鯨は、エイハブの内面的な対立を外面的に象徴しているにすぎません。

先にリストした男らしい対立の残りの2つに、男対自分自身を含めても問題はありません。むしろ、より充実した作品にするには含めるべきです。男対自分自身の対立なしでは、意味のない作品になりかねません。

キャラクターに物理的に影響するものは、男らしい要素であり、「ビジブルインク」です。それに対する彼の感情は、女らしい要素であり、インビジブルインクです。これら2つの要素をバランスよく取り入れた方が、観客の心により響くストーリーになります。

男らしい対立は、ヒーローを女らしい対立に直面させるにすぎないことを覚えておいてください。外面的な圧力が、石炭をダイヤモンドにするのです。

ストーリー内に、男らしさと女らしさの要素をバランスよく取り入れる方法を探してください。どちらか一方に偏ってしまう可能性は少なくありません。よく注意しないと、これまでうまくいったやり方に流されてしまいがちです。作家もまた、自分の苦手なこと、つまり儀式的苦痛を経ることで、より優れた作家になり、成長できます。

Yという文字が母音にもなるように、女らしい要素がテーマになることもあります。ジョージ・オーウェルの著書「動物農場」では、女らしい要素がテーマになっています。

この作品では、社会のさまざまな階層を表すため、キャラクターに紋切り型のイメージを持たせることが必須でした。すべての構成要素は、骨組みとなるアイデアを照らし出すために存在していました。

脚本家のロッド・サーリングは、名作テレビシリーズ「トワイライト・ゾーン」で、この種のストーリーテリング手法を効果的に使用しました。

1960年代から70年代にかけて、人種に関係なく、すべての人を平等に扱うべきだという貴重な教訓を学びました。しかし、その後年月が経つにつれて、人種に気付きもしないし、認めもしないという方向になっていきました。

私は黒人ですが、友人の中には、私が黒人であることを意識すらしたこともないと言う人がいます。当然、それは偽りです。彼らが言いたいのは、私が黒人であろうがなかろうが関係ないということです。

この社会において、他者と自分の違いに気付くのは犯罪ではありません。それを元に、他者を判断することが罪なのです。

男女の違いも、かつては女性を下に見るものとして扱われてきました。そのため、社会はすべての人が同じであると偽ることで、その差別を修正しようとしてきました。

しかし同時に、異性に対していら立ったり、異性は何を考えているか分からないと影で友人とぼやき続けています。男性の脳と女性の脳には、レンガの山と羽毛の山ほどの違いがあります。平等ではあっても、同じではないのです。

男らしさと女らしさの話題には、論争がつきものなので、少しですが調べてみました。

まず、脳の「男らしさ」と「女らしさ」を決めるのは、成長過程の分岐点である子宮内で受ける男性ホルモンの量であることを知りました。アン・モイア博士とデイビット・イェッセルの書籍「Brain

Sex」によれば、ほぼすべての専門家または脳科学者がこれを認めているそうです。私たちの脳の働きには、生理学的な違いがあるのです。[1]

たとえば、幼少期においては、男の子よりも女の子の方が対人関係に興味を示します。生まれて間もない赤ちゃんも、女の子は声や顔などに興味を示すのに対し、男の子は生命のないものに興味を示します。

人に限らず動物の世界では、男性ホルモンが攻撃的で競争的な性質を強め、女性ホルモンがその性質を抑えます。

男性ホルモンによって形成された男性の脳には、以下のような特徴があります。

- ステータスや権力を欲しがる
- ものの仕組みに関心を示す
- 事実とデータを集めることに関心がある
- 論理を重視する
- 問題を解決することに関心がある
- 女性よりも攻撃的である

・女性よりも競争心が強い
・女性よりも性衝動が高い

子宮内で受け取る男性ホルモンの量が少ない女性の脳には、次のような特徴があります。

・人に関心がある
・親交に関心がある
・対人関係を重視する
・他者との結び付きに関心がある
・他人の喜怒哀楽に関心がある
・感情移入の能力に長けている

脳の働きを考えると、なぜ多くの男性が特定の種類のストーリーに惹きつけられるかが容易にわかります。

同様に、女性が特定の種類のストーリーに惹きつけられる理由もはっきりとしてきます。

人の右脳と左脳は、脳梁《のうりょう》と呼ばれるものでつながっています。女性は脳梁がより太いので、左右の脳の間でよりスムーズに情報交換が行われます。

女性は、両方の脳で感情を保持しますが、男性は右脳にしか感情を保持しないため、男性の方が感情にアクセスしにくい状態になっています。このことは、男性がさほど感情的でないことを証明しています。実際そのような仕組みになっているのですから。少なくとも、女性ほど感情に影響されません。

顔の表情を読み取る実験によると、女性の脳はほんの一部を働かせるだけで表情を読み取れたのに対し、男性の脳はもっと広い範囲を働かせても、女性のようには表情を読み取れなかったそうです。

女性は、自分自身の感情だけでなく、他者の気持ちにも男性より敏感です。女性は、生理学的に他者に感情移入しやすいと言えます。

このような脳の違いがインテリジェントデザインによるものであろうと、進化によるものであろうと、性によって特徴が異なるのには理由があります。私たち人間がこの世界を生き抜くには、両方の視点で世界を見ることが不可欠なのです。

私はストーリー構成における男らしさと女らしさの要素を重視しているので、男性や女性がどんな風に好きな映画や本について語るのか、注意して聞くようにしています。先日、友人とある映画について話していたときのことです。彼女はその映画が好きで、私はそうではありませんでした。鑑賞中に4回も泣いたのだから良い映画に違いない、というのが彼女の言い分でした。女性によく見られる反応です。

ほかにも、「こんなにロマンチックな映画なのに、何で好きになれないの！」といつも言う女性を知っています。彼女は「すごく美しい作品なのよ」ともよく言います。

これに対し、男友達の多くが熱く語るのは、アクションや殺戮シーンばかりで、感情的な部分を排除した格闘技系の映画や、特殊効果を駆使した作品についてです。脳の仕組みを考えれば、納得のいく反応です。

女らしさと男らしさの要素がバランスよく配分された映画として、「カサブランカ」があります。とてもロマンチックな映画ですが、女性だけでなく、男性からも高い評価を得ているのは、ストーリーの人間的な要素と密接に絡み合った、しっかりしたプロットが存在するからです。こうした絶妙なバランスが、多くの観客の心に響くストーリーを作り上げます。

映画「素晴らしき哉、人生！」には、これまで見た映画の中で上位に入るロマンチックなシーンがあります。同時に、ジョージ・ベイリーの憂うつと失望という心の葛藤も描かれています。そして、強力なプロットがそれを支えています。このバランスこそが、性別と時代を超えて好まれる要因です。古典名画と呼ばれる作品の大半は、男性と女性の要素をほぼ等しく取り入れています。

映画「プライベート・ライアン」のオマハ・ビーチでのくだりは、映画史上最もリアルに戦場を描写

していると して、観客と批評家の両方から絶賛されました。この反応は、優れた特殊効果の数々によるものでしょうか？　私は違うと思います。この場面には、男らしさと女らしさの両方の要素が含まれています。

冒頭のシーンにおけるトム・ハンクスの手の震えは、彼の心の状態を見えるかたちで表しています。ヒギンズ・ボートのほかの兵士たちは、船酔いと緊張から吐いています。

銃声が聞こえる前から、観客は落ち着きを失っています。不安と恐怖でいっぱいです。ボートが浜に着くと、兵士たちは嵐のような銃撃を受けます。人が殺される様子が、何度も映し出されます。それらの死は、なぜ観客の心に深く突き刺さったのでしょうか？　それは、死ぬ直前の救い難い恐怖の中、彼らが抱いていた感情に観客が共感したからです。

いつもなら暴力的なシーンを見て威勢がよくなる男性も、この死の場面には心を痛めました。兵士が自分のもげた腕を捜して、パニックになってうろうろする場面があります。また、内臓がはみ出た兵士が、母親に助けを求めながら死にゆく場面もあります。一見するとアクションが満載のようですが、この作品は決してアクション映画ではありません。

この映画は、暴力による感情面の衝撃と身体的な影響を正直に描写しているので、とても「リアル」です。私はD－デイ（作戦決行日）の実際の映像を見たことがあり、兵士たちが死んでいく様子も映っていましたが、この映画ほどリアルさは感じませんでした。なぜでしょうか？　それは、その映像には欠けている部分があるからです。

見知らぬ兵士が死にゆくところを目にしても、たいした衝撃は感じません。一方の「プライベート・ライアン」では、自分がその場にいるかのような気分になります。

もっと身近な例で考えてみましょう。親友が、「昨日、高速でひどい事故があった」と言ったら、あなたはそれなりの興味は示すでしょう。しかし、もしその友人が「昨日、ひどい事故に巻き込まれた」と言ったら、ただ興味を示すだけではすまないはずです。

1つ目は男らしい要素のみですが、2つ目には男らしい要素と女性らしい要素の両方が含まれています。2つ目が感情を伴うのは、ストーリーに登場する人物が自分にとって大切だからです。

個人的には好きな映画ではありませんが、ジェームス・キャメロン監督の「タイタニック」は、上の交通事故の話と同じ構成になっています。映画の冒頭で（現代）、船が氷山に衝突した後何が起こり、どうやって沈んでいったのかを、男が男性的な手法で説明します。その後で観客は、私たちの知っているキャラクターたちがそれを実際に体験する様子を目にします。そうして観客は、自分たちもその沈み行く船に乗っているような感覚を覚えます。

事実は必ずしも真実ではないということを忘れないでください。タイタニック号が沈没したという冷ややかな事実からは、そこで体験された真実がほとんど伝わってきません。男らしい要素と女らしい要素についての私の考えを、そのまま鵜呑みにする必要はありません。人々が自分で見聞きしたり、書いたストーリーについて、どんな風に語るかをよく聞いてください。たいてい、どちらか一方に偏り、もう片方の要素を軽視するはずです。プロットとアクションばかりか、キャラクターとムードばかりかのどちらかでしょう。そして、その境界線は恐らく性別の違いに近いものになるはずです。人の脳はそう機能するようにできているのです。[2]

1　アン・モイア博士、デイビット・イェッセル著「Brain Sex: The Real Difference Between Men and Women」（ニューヨーク、Delta Publishing、１９９２年）

2　性別による脳の違いについての科学的検証は活発に行われており、お勧めの書籍や記事もいくつかあります。

・バーバラ・ピーズ、アラン・ピーズ著「Why Men Don't Listen and Women Can't Read Maps: How We're Different and What to Do About it」Broadway Books、２００１年

・「Psychology Today」２００３年７/８月刊。

・マイケル・グリアン博士著「The Wonder of Boys」Penguin Group（USA）Inc.　１９９７年

現実のドラマ

1968年のキング牧師の暗殺事件をきっかけに、アイオワ州ライスビルという白人ばかりの町にある小学校で、1人の教師が生徒に偏見を教えるためにある実験を初めました。以来、この実験は毎年実施されています。

彼女はまず、子供たちに偏見とは何かを問いました。その意味や、悪いことであることは皆知っています。

次に、彼女は茶色の瞳の人の方が青い瞳の人よりも優れていると教えました。固定観念による実証済みの差別手法を使って、青い瞳の人は怠け者で愚かだと伝えました。

青い瞳を持つ子供たちは、その日学校にいる間、ずっと仲間外れにされました。彼らと一緒に遊ぶことも、話しかけることも禁じられました。水飲み場の使用は禁じられ、休み時間に校庭の遊具を使用することも禁じられました。

一方、茶色の瞳を持つ子供たちは、昼食を自由におかわりでき、休み時間に5分長く遊べました。彼らはすべてにおいて、青い瞳の子供たちより優遇されました。

当然、青い瞳を持つ子供たちにとっては惨めな一日です。茶色の瞳のクラスメートから、思いもよらぬ仕打ちを受けました。つい昨日まで仲良くしていた友達が、悪口を言ったり、からかったりしてきたのです。

次の日、教師は、茶色の瞳を持つ人の方が優れているというのは嘘で、実はその逆だったと教えました。

すると今度は、青い瞳の子供たちが自分たちの方が優れていると思い込み、前日に茶色の瞳の子供たちから受けたことをやり返しました。

教師は2日目の終わりに、子供たちにこのような辛い経験をさせた理由を話しました。

こうして、子供たちは偏見をただ理解するだけでなく、心の底からその醜さを感じられるようになりました。子供たちは、その日を境に永遠に変わったのです。大人になった彼らに話を聞くと、あの経験が人生を大きく変えたと答えます。そして、あのとき苦しんだことには意味があったとも言います。

先生は初めに偏見が悪いことだと教えていましたが、それは言葉で伝えたにすぎませんでした。言葉で伝えるよりも実際に経験させる方が、子供たちは儀式的苦痛を経て変わることができます。ドラマは、知的アイデアを感情に訴える方法の1つであるということを思い出してください。この実験では、まさにそれが起きたのです。

この一連の実験の様子をフィルムに収めて大人たちに見せれば、子供たちが体験しながら学んだことを、大人たちは実際に経験することなく学べます。

これこそドラマが持つ力です。人々に実際に経験させなくも、体験してもらえます。ストーリーテラーとしてのあなたの責任は、良い説教者になることではなく、良い教師になることです。言いたいことを伝えるだけでは、単に布教しているにすぎません。事例を紹介しながら伝えれば、観客自身が自ら学び取ってくれます。それも上辺だけでなく、深いレベルでです。

私が本書でいくつもストーリーを使って説明しているのは、こうした理由からです。私はあくまでも道しるべであり、読者自身に観察してほしいと思っています。

ちなみ、この素晴らしい話には余談があります。ジェーン・エリオットというこの教師は、この実験を行ったことで大変な目に遭いました。「黒人好き」と呼ばれたり、怒った保護者や町民から殺害の脅迫を受けたりしました。彼女の子供たちも、ほかの子供たちから心ない暴力を受けるようになってしまいました。それでもなお、彼女は信念を曲げませんでした。その後も実験を続けたのです。

彼女は、素晴らしい善行のために自分自身を犠牲にしました。ドラマだけでなく、現実においても、こうした行いをした人はヒーローです。

ドラマ内のそれぞれの要素には、必ず相応する現実が存在します。フィクションだけでなく、現実の中にもインビジブルインクを探してください。

ジャンル神話

ジャンルは目に見えるものです。観客は、自分が西部劇を見ているのか、ＳＦを見ているのか承知しています。しかし、インビジブルインクは、ストーリー内で作用するものであり、キャラクターの衣装のように目に見えるものではありません。

私の周りの人たちは、私のことを上映作品を好まない人間だと思っているようです。間違っているとは言いませんが、真実ではありません。いずれにしろ、彼らは知恵を絞って、私がどんな作品を、どのような理由で好きかをはじき出そうとします。扱っているテーマなのか、特定の傾向なのか、はたまた特定のジャンルなのかという具合にです。しかし、いつだって何でもありの映画の登場によって、積み上げげた理論が吹き飛んでしまいます。

私と仕事をしたことがある人は、私があるジャンルから別のジャンルへと自在に移行できることを知っています。そして、私がなぜそんなことができるのかを不思議がります。答えは簡単です。私はただ、ストーリーを効果的に伝えようとしているだけだからです。ほかのストーリーテラーにも、そうであってほしいと願っています。

ストーリーをジャンルという視点から考えると、各ストーリーにどのような共通点があるかではなく、どのように違うのかという点に目が行きがちです。優れたドラマは、ジャンルという垣根に縛られません。

肝心なのは、乗り物が馬なのか車なのか宇宙船なのかではなく、誰が乗っているかです。

ジャンルは、外面に関するものです。ストーリーによっては、表面的な部分を変えるだけで、まったく異なるジャンルに変わることもあります。黒澤明監督の「隠し砦の三悪人」は時代劇ですが、これは「スター・ウォーズ エピソード4／新たなる希望」のベースとなりました。別の黒沢映画「七人の侍」は、西部劇にもなりました。

黒澤監督自身も、ウィリアム・シェイクスピアの「リア王」を土台に、日本の封建主義を描いたことがあります。また、テレビ映画「King of Texas」では、この同じストーリーをベースに19世紀のテキサスが描かれています。

ミュージカル映画の名作「ウエスト・サイド物語」は、「ロミオとジュリエット」の舞台を1950年代のニューヨークにおけるストリート・ギャングの世界に置き換えたものです。

ジョン・ウェイン主演の西部劇「赤い河」も、古典的な海洋映画「戦艦バウンティ号の叛乱」が土台になっています。同じストーリーが、異なるジャンルで描かれているのです。

劇作家にとって、ジャンルは意味のないものです。劇作家は劇、つまりドラマにだけ集中すべきです。特定のジャンルに入れることで、ストーリーがより明確に伝わるのであれば、ジャンルを使用してください。ジャンルに、優れているとか劣っているとかはありません。

考えてみれば、「ジョーズ」は単なるモンスター映画です。ほかの多くのモンスター映画と同様、主人公のヒーローが何とかやっつけようとしている間に、脇役たちが犠牲になっていきます。しかし、この映画にはジャンルの枠を越えた何かがあります。それは骨組がしっかりとして、キャラクターが変化を見せるからです。

「ジョーズ」以降、男らしい要素のみを真似した類似作品が、２匹目のドジョウを狙って数多く制作されました。サメの代わりにシャチを使った作品もあれば、変異した熊を使った作品もありました。しかし、どの作品も表面的に真似ているだけで、「ジョーズ」がなぜあれほど大衆の心をつかんだのかは理解していませんでした。

「ターミネーター」と「エイリアン」も表面的にはモンスター映画ですが、これらが際立っていたのは強固な骨組みのおかげでした。

小説の世界も同じです。「１９８４年」を単なるＳＦ小説と言う人はいません。また、「動物農場」のことを、動物がしゃべるから子供向けの本だと言う人もいません。「ガリヴァー旅行記」も同じで、空想の世界だからといって子供向けの作品ではないのです。

「スター・ウォーズ」はＳＦ、ファンタジー、アクションのどれになりますか？　ＳＦだとしたら、「エイリアン」との共通点は？　「E.T.」と「２００１年宇宙の旅」に共通点がありますか？　「ターミ

「ターミネーター2」と「ギャラクシー・クエスト」の類似点は？　もちろん、これらの映画には共通点がほとんどありません。

人はストーリーのジャンルに、階層を定めてしまっています。「これは時代劇なのだから、ＳＦストーリーよりもメッセージ性が高い」といった具合にです。当然ながら、これは真実ではありません。

クリント・イーストウッドの「許されざる者」は、小道具、セット、衣装、固定観念などよりもテーマに重きを置いていて、それまでの西部劇とはまるで違っていました。つまりジャンルを越えた作品でした。

ロッド・サーリングは、テレビ局やスポンサーから強いられる規制にうんざりして、有名な生放送のドラマ向けに、世間的に高い評価が得られるような脚本を書くのをやめました。彼がファンタジーものをやると発表したとき、多くの人は、彼がテレビの「まじめな仕事」を諦めたと思いました。

しかし、サーリングは局の幹部たちが思いもよらないことを考えていました。「火星人だったら、民主党員や共和党員が言えないことでも言える」というのが彼の考えでした。つまり、ジャンル階層における偏見を逆手に取ったのです。彼はスポンサーの介入を気にすることなく、現実の人間の問題に関する空想のストーリーを書きました。そして聴衆は、いつも彼の言いたいことを正確に理解しました。

誰にでも、思い入れのあるモチーフはあるものです。私は、20世紀半ばの服や車が好きです。映画の中でこれらが登場すると、本能的に反応してしまいます。しかし、それで映画がよくなるわけではありません。

重要なのは、自分の趣向が好意的に受け取られるとは限らないので、ストーリーテラーとして、より掘り下げたレベルで語ることです。骨組みがしっかりしていれば、ストーリーはジャンルに縛られなくなります。

ストーリーテラーは、自分のストーリーがどのジャンルに属するとみなされるかを予測しておく必要があります。外向きには、世間で認識されるジャンルに属しているように思わせるのです。そうすれば、販売や売込みがはるかに楽になります。ジャンルを越えているという事実は、自分だけわかっていればよいのです。実際にストーリーを見たり読んだりすれば、観客もそれに気付くでしょうから。

この点に関連して、ある媒体の方がほかより優れているという議論があります。劇場の方が映画館より芸術性が高いとか、小説の方が漫画より優れているといった具合です。テレビより映画の方が優れているという声も耳にします。

いずれもストーリーを伝えるために使える媒体であり、それ以上でも以下でもありません。それぞれに長所があるので、どの媒体を選ぼうとも、その長所を活かしてストーリーを伝えられるかどうかは皆さんの腕次第です。

このことを実際に確かめたかったら、アート・スピーゲルマンによる「マウス―アウシュヴィッツを生きのびた父親の物語 1」と「マウス―アウシュヴィッツを生きのびた父親の物語 2」というグラフィックノベル（漫画）を読んでみてください。グラフィックノベルとして初めてピューリッツァー賞を受賞した作品です。この本を受賞させるために、新たなカテゴリーを設けたほどです。

ウィル・アイズナーによるグラフィックノベルも一読の価値があります。もし別の媒体でストーリーを伝えていたら、彼は世界中に名をはせていたはずです。実際、彼の名を冠したアイズナー賞があるぐらいです。彼自身もその賞を何度か受賞しています。

映画は世に出始めた当初、重要な意味などない、ちっぽけで安っぽい娯楽だと考えられていました。当時の「まとも」な俳優たちは、たいてい「映画」を避けました。しかし、この媒体の力を見抜いた何人かの先駆者たちは、映画を使ってストーリーを伝える方法を考え出したのです。

デヴィッド・ウォーク・グリフィスは、初めてクロスカッティング（並行モンタージュ）を使用しました。これは、2つのシーンを交互に見せて、緊張感を高める手法です。観客が混乱するといった否定的な声もありましたが、彼はこう答えました。「ディケンズができるのだったら、私にもできる」

肝心なのは、媒体やジャンルによって、優れたストーリーを伝えるということに縛りをかけないことです。

クライマックス

あるとき、生徒の1人が「クライマックスは？」と聞いてきました。最初、私は質問の意味が分かりませんでした。その言葉そのものがクライマックスの意味を言い表していると思ったからです。ストーリー構成をわかっている人なら、誰でも最後にくるものがクライマックスであると知っています。しかし、よくよく考えてみると、あることに気付きました。クライマックスとは、男らしさと女らしさの要素の両方が一体となって、キャラクターが変わるシーンや、変わるべきなのに変わらなかったシーンなのです。観客はクライマックスによって、キャラクターがプレッシャーによってどれほど変わったかを知ることができます。たとえば「E.T.」のクライマックスでは、政府機関がE.T.を探し、エリオットは彼を家に帰そうとします。エリオットは、自分が傷付くことを覚悟でE.T.とお別れします。

ここで犠牲を振り返ってみましょう。犠牲を払わせることの意義の1つは、キャラクターの変化に偽りがないことを観客に伝えられることです。つまり、成長の度合いを測るものさしのようなものです。

「トッツィー」では、ダスティン・ホフマンは女性に成りすまし続けることもできましたが、最後は真実を伝えられるまで成長します。クライマックスで、彼はテレビの生放送で自分が男性であることを明らかにします。雇い主から訴えられたり、愛する女性が離れていくリスクを承知で、彼はこの行動に出るのです。彼は正直者になります。そして観客も、彼の極端な行動によってその変化を知ることができます。

「カサブランカ」では、「俺は誰のためにも自分を危険にさらしたりしない」と言っていたハンフリー・ボガートが、他人のために人を殺し、愛する女性を諦めます。彼は強制されたわけでなく、あくまでも自身の成長の結果でした。

「ジョーズ」のクライマックスでは、沈みゆくボートに1人取り残された主人公にサメが襲いかかります。しかし、このときの彼は行動を起こすだけの勇気を持っていました。恐怖は消えていたのです。

先に紹介した「トワイライト・ゾーン」のクライマックスは、誕生日を迎える男が魔力を持つ少年を殺すよう周りの人に促すシーンです。男は自分を犠牲にするのですが、誰も彼の勇気に応えないので、その犠牲は実を結びません。しかし視聴者には、周りが行動を起こさなかったことが、変われなかった原因であることがわかります。

戯曲「人形の家」のクライマックスでは、ノラが変わります。劇の冒頭からは予想もできなかった方法で、夫に立ち向かいます。

簡単にまとめると、クライマックスとは、主人公が極度に張り詰めた状況に置かれ、成長するかしないかの選択を迫られる場面です。

ただしこれは、ジャンルを越えてしっかりした骨組みを持つストーリーにのみ言えることです。

機械仕掛けの神

アニメではよく見かける場面ですが、たとえば、バッグス・バニーはピンチになると、ポケットから必要な物を取り出すことがあります。それまで存在すらしていなかったポケットから、彼は必要なものを手に入れます。これは、ギリシャ語由来のラテン語で「デウス・エクス・マキナ（deus ex machina）」と呼ばれる演出技法で、日本語では「機械仕掛けの神」などと訳せます。

古代ギリシャの演劇では、ヒーローが困難な状況に直面し、最後は神によって助けられるという展開が時折ありました。「神」は、ロープで吊るされたり、何らかの仕掛けや機械を使って、ステージに降りてきました。「機械仕掛けの神」は、これに由来する言葉です。

観客の反応はどうだったと思いますか？　このトリックはすぐに飽きられてしまいました。ヒーローが自力で困難を乗り越えないのは満足がいきません。ごまかしであり、怠慢としか映りませんでした。これは不誠実さの一形態ですが、皆さんの仕事は真実を伝えることでしたよね？

もちろん、バッグス・バニーならそれでもかまいません。ばかげているからこそ面白いのですから。しかし通常は、たとえコメディであっても、ヒーローには見えないポケットではなく、自力で問題を解決させてください。

一方で、観客に対して新たな問題を示したい場合は、存分にやってください。キャラクターが抱える問題がより深刻になるので効果的です。問題は対立となり、対立は儀式的な苦痛となるので、問題を制限する必要はありません。

サポートプロット（サブプロット）

私はサブプロットという言葉を好みません。混乱の元だと思うからです。ストーリーテラーがサブプロットを含めるのは、ストーリーを肉付けし、いっそう充実した世界にするためです。決して新たなキャラクターを登場させたり、付随（サブ）プロットを提示したりするためではありません。

こうした理由から、私はサポートプロットと呼ぶようにしています。サポートプロットは、メインプロットを支えることが目的です。いずれも同じ骨組みに沿っていなければなりません。

主人公のクローンのストーリーは、たいていサブプロットで描かれますが、これは骨組みを補う目的でのみ存在します。たとえば、「メリーに首ったけ」に登場するほかの「ストーカー」が良い例で、それらはサポートプロットです。

「トッツィー」に登場する女たらしは、ダスティン・ホフマン演じるキャラクターが別の視点から自身を振り返り、変われるようにするためのプレッシャーでしかありません。これでもメインプロットに付随していると言えるでしょうか？　言えませんよね。

では、ダスティン・ホフマン演じる女性のキャラクターに素直に恋する男はどうでしょうか？　彼が存在するのは、嘘が人々を深く傷付けていることをダスティン・ホフマンに気付かせるためです。

これらのプロットに、付随的な側面はまったくありません。サポートプロットとして考えた方が、自分が伝えたいことの支えとして、プロットを有効利用できます。もちろん、あなたの世界は肉付きされますが、あくまでメインプロットにとって重要な要素によってです。

サポートプロットが骨組みのアイデアに与える影響は、ほとんど重視されていません。しかし、影響は確実にあり、見えない力でストーリーをより心に響くものにしています。

奴隷であって、主人ではない

たいていの作家は、支配力を振るえるから、物を書くのが好きだと言います。雪が欲しければ雪を降らせ、晴れた日にしたければ太陽を出すという具合に、何でも思い通りになると言うのです。つまり、その世界の主人になれると。果たしてそうでしょうか？　そんなことはありません。あなたは、あくまでもストーリーの奴隷であって、主人ではありません。キャラクター、場所、シーン、シーケンスは、すべて骨組みを軸に構築しなくてはならないからです。

「赤ちゃん泥棒」では、囚人が刑務所から脱走するとき、雨が降っています。なぜだと思いますか？　このシーンをなるべく出産シーンに似せたかったからです。穴から出てきた囚人の顔から滴り落ちる泥、雄叫びは、グロテスクな出産のイメージに近付けるための演出です。当然、雨ですから泥がありますが、雷や稲光もありました。つまり嵐です。この天候は、何かが間違っていることを示唆します。

何かを決断することよりも、何かを発見するということに頭を持っていきましょう。そうすれば、自分の言いたいことを照らし出すには何が必要かを、自然と探せるようになります。作品は、より強固で焦点の定まったものとなり、さらなる高みに到達できるはずです。

ストーリーテラーの中には、ルールは破ってもかまわないと考える人もいます。ストーリーのルールを曲げてでも、やりたいようにやろうと考える人が。しかし、それでは決してうまくいきません。残念なことに、彼らはなぜそうして完成した作品が評価されないのかを理解できないでいるようです。ルールは至って単純です。目的地を定めずに書いたものは、当然、そこに到達することはできません。

6章

言葉でのやりとり
自然な語り口
振りと却下
振りと説明

言葉でのやりとり

行きつけの床屋が映画を作ると言い出しました。脚本を書きたいので、書式を知りたいとのこと。書式さえわかれば問題ないと思っているようです。ほかには何も知らなくてよいと。登場人物に何を言わせるかはもう決まっているそうです。

ほとんどの人は、脚本を書くことは言葉によるやりとりを書くことだと思っています。批評家もたいていは同じです。彼らは台詞についてはいくらでも語れても、ドラマや、ドラマがどう構築されているのかについては何も知りません。

私自身、議論や執筆のテーマが台詞によるやりとりに集中しているように感じます。脚本の見える部分なので取り上げやすいのでしょう。もちろん読者の皆さんは、ストーリーの構築にはもっといろいろな要素が関わることをご存知です。しかし、台詞によるやりとりについても少しは触れておかなくてはならないでしょう。

インビジブルインクとは、言葉の裏に書かれているものだということを思い出してください。このインビジブルインクが観客の脳を活性化します。サブテキストはインビジブルインクの一種です。次に紹介するのは、クリスマスの朝食時、知人の家で聞いた母と既婚の娘のやりとりです。

母　「声がかすれているわね。」

娘　「風邪を引いたからよ。今はだいぶよくなってきたわ。」
母　「体を大事にしなきゃだめよ。いつからなの？」
娘　「大丈夫よ。少し長引いているけど心配ないわ。」
母　「よくなってきてるの？　何か薬は飲んでる？」
娘　「大丈夫だってば。」

これはごくありふれた会話です。しかし、この2人の間には次のような事情があります。娘の夫は最近エイズで亡くなりました。娘も感染していますが、今のところ発症していません。このことを踏まえてもう一度会話を読んでみてください。これがサブテキストです。そしてインビジブルインクなのです。言葉になっていませんが、多くのことが語られています。

サブテキストは、すべてセットアップの中に仕込まれます。たとえば、仲の悪い2人のキャラクターをあらかじめ設定しておけば、この2人が同じ部屋で天気について話しているシーンを見せるだけで、観客に自然と状況を把握してもらえるのです。

会話はいわゆるツールであり、必要なときに使うものです。筋立てを定義したり、重要な展開情報を提供したり、キャラクターの正体を明かすために利用できます。これらに貢献していない会話は、何の意味もないも同然です。

次は「お熱いのがお好き」からのシーンです。このシーンで主人公2人が登場します。彼らは、禁酒法時代のもぐりの酒場で演奏するミュージシャンです。

「お熱いのがお好き」

脚本

ビリー・ワイルダー／I.A.L. ダイアモンド　1958年

踊り子たちがタップダンスを始める。コーラスのリーダーがバンドの方を向き、サックスプレーヤーのジョーに対してにやけてウィンクをする。ジョーもウィンクで返す。ジョーのすぐうしろでベースを弾いていたジェリーが前かがみになってジョーの肩を軽く叩く。

ジェリー　「なぁジョー、今晩だよな？」

ジョー　「（タップダンサーに釘付けになりながら）そうだよ。」
ジェリー　「今晩支払ってもらえるんだよな？」
ジョー　「あー。なぜ？」
サックスからマウスピースを外し、リードを舐める。
ジェリー　「奥歯の詰め物がどこかにいっちゃったから明日歯医者に行かなきゃいけないんだ。」
ジョー　「歯医者？　4ヶ月も仕事にあぶれていて、やっともらえる最初の給料を歯に使うのか？」
ジェリー　「詰め物だったら何でもいいんだ。金である必要もないし。」
ジョー　「自分勝手なやつだな。家賃は滞納、モーの惣菜屋に89ドルのツケがある。洗濯屋で使った小切手の不渡りで3人の中国人弁護士から訴えられてるし、そこの踊り子たちからも金を借りているんだぞ。」

ジェリー　「わかったよ、ジョー。」

ジョー　「当たり前だよ。」

これは解説と呼ばれるものです。このシーンからは、2人の経済状況と性格が伝わってきます。

解説は、脚本の中でも特に書くのが難しいです。役者にすでに分かっていることを自然な形で話させるというのは、不可能にすら思えることもあります。油断するとすぐにぎこちなくなってします。解説の手法については、他者のやり方を観察することから学ぶことをお勧めします。

ここで一言注意をしておきます。探しているものがはっきりしている場合、手法の多くは見えすいたものに思えるかもしれませんが、たとえそう見える手法でも却下しないようにしてください。

自然な語り口

ここ数年、映画やテレビなどで見るキャラクターの語り口は、ほかの映画やテレビ番組で見たり聞いたりすることがあるようなものばかりです。実際の人は、映画の中の人物のようにはしゃべりません。人々の会話に耳を傾けてみましょう。皆があなたと同じ環境で育ったわけでもなければ、同じ教育を受けているわけでもないのです。

私はアニメと漫画の両方に携わってきた経験から、いろいろなイラストレーターを知っています。彼らと接していて気付いたのは、優れたイラストレーターは人体デッサンを描いているということです。彼らは人物の観察から、人物を描く方法を学んでいます。そんなの当たり前ですって？　いいえ、そんなことはありません。漫画家の中には、他のアーティストの真似をすることで学んでいる人もいます。彼らが人体デッサンを描いている人たちと肩を並べるデッサン屋になることはありません。「実際の人物から描きなさい」と、彼らがよく受けるアドバイスは、私たちにとっても貴重です。

会話でも何でも、自分が人形使いになったつもりで書きましょう。テーブルの下に隠れて、自分の存在が誰にも意識されないようにします。観客に見てほしいのは人形です。観客が少しでもあなたの存在を意識した時点で、失敗となるのです。

これは、ウィットに富んだ粋で見識のあることをキャラクターに言わせてはいけないという意味ではありません。あくまでも自分ではなく、キャラクターにしゃべらせるべきだという意味です。

作家の使命は、ストーリーから距離を置くことです。ストーリーは自分についてのものではありません。自分の思いの表現手段ではあるかもしれませんが、決して自分を語る場ではないのです。エゴは抑えましょう。

振りと却下

このテクニックに初めて気付いたのは、ジョン・カーペンター監督の「遊星からの物体X」を見ていたときでした。何にでも変身するエイリアンが、南極観測基地という隔離された場所で隊員たちを恐怖に陥れる映画です。

あるシーンで、隊員の1人に成り代わっていたエイリアンの形が崩れていきます。首は恐ろしいまでの長さまで伸び、口から伸びる腱のようなものが近くの物に絡みつきます。最終的に頭部が体から切り離され、隊員たちは信じられないという表情でそれを見ています。逆さになった頭部からは、蜘蛛のような足が生え、先端に目玉がついた2本の触覚が伸びてきます。変身が売りの作品にしても、少しやりすぎの印象です。リアリティーの範囲ぎりぎりでした。そんなとき、隊員の1人が「こんなばかなことがあっていいのかい」と呆れた表情で言います。

この種のやりとりは、観客の関心が失われそうな箇所で有効です。ときに観客は、物語の中に自らの代弁者を必要とします。抱いた懸念を解消することで、観客はストーリーにいっそう集中できるようになります。

「明日に向かって撃て！」に、振りと却下の有名な例が見られます。追っ手から逃れるために崖から川に飛び込むシーンです。

サンダンスが泳げないことを伝えると、ブッチが笑いながら「どうせ落ちれば死ぬさ！」と返します。

この例では、「頼むよ。飛べるわけないよ！」と観客が言い出すのを遮るように、振りと却下のテクニックが利用されています。

「トッツィー」では、他の演者たちがダスティン・ホフマンは女性であると信じていることが前提になっていいます。そんな中、他の演者たちからは、いかにトッツィーに魅力がないかが語られます。これらは、振りと却下の見事な例と言えるでしょう。

いずれの例も、観客の笑いを誘っています。思うに、これも真実を語る1つ方法なのでしょう。観客の興味がシーンから失せてしまう可能性もあるので、使い方には注意が必要なツールです。少しやりすぎたことを作り手側も承知している旨を、ウィンクで観客に伝えるようなものですが、正しく使えば不自然に意識されることもなく、「インビジブル」になります。

振りと説明

これは振りと却下に関連するテクニックですが、その役割は異なります。この手法の好例は、「スター・ウォーズ エピソード４／新たなる希望」でルーク・スカイウォーカーが初めてミレニアム・ファルコン号を見たシーンです。見事な宇宙船が画面に現れた後、そこに乗り込む人々を見て観客は静まり返ります。ここでルークは驚いて、「なんてガラクタだ！」と叫びます。

観客は、まったく想像もしていなかった展開に思わず笑いに包まれます。

これはジョージ・ルーカスの世界であり、私たちのあずかり知らぬ世界なのです。観客は、宇宙船がガラクタであるということは、この計算された台詞抜きでは知る由もありません。

「良い会話」について語られるときに私が気になる点の1つは、その会話がどう使われたかではなく、台詞そのものがどう際立っていたかに話題が集中することです。最高の台詞のやりとりの中には、静かで繊細ながらも、外科医のような精密さをもって話の筋、テーマ、キャラクターを明らかにしていくものもあります。こうしたやりとりは引用には値しませんが、引用に値するやり取りを書くことが作家の本業ではありません。

7章

優位な立場

一度見せて知っておいてもらう

優位な立場

「サスペンス」と「サプライズ」には明確な違いがあるのですが、今でも多くの映画でこの2つは混同されています。何が言いたいかというと、たとえば、たわいない会話をしているとしましょう。２人のテーブルの下には爆弾が仕掛けられています。会話が続く中で、突然「ボーン！」という音が鳴り響きます。爆発したのです。観客は驚きますが、実は爆弾はそこまでのシーンに何気なく映っていました。これがサスペンスだったらどうなるでしょうか。爆弾がテーブルの下にあり、観客はそのことを知っています。反体制派がそこに仕掛けたのを見ている可能性もあります。

観客は、爆弾が1時に爆発することも知っていて、小道具の時計も置かれています。あと15分で1時です。こうなると、観客自身もそのシーンに参加している状態になり、たわいない会話に引き込まれていきます。心の中では、「そんなつまらない話をしている場合じゃない。テーブルの下の爆弾がもうすぐ爆発するぞ！」とスクリーン上の人物に危険を知らせたいと思います。最初の例では、爆弾の爆発によって15秒ほどのサプライズが観客に提供されます。２つ目の例では、観客は15分間のサスペンスを味わうことになります。結論から言うと、可能な限り観客には事前に知らせておくべきでしょう。ただし、たとえば予想外のエンディングそのものがストーリーのハイライトになる場合など、演出としてサプライズを利用する場合はこの限りではありません。
――アルフレッド・ヒッチコック

アルフレッド・ヒッチコックは、優位な立場を非常にわかりやすく定義しています。優位な立場とは、スクリーン上のキャラクターが知らないことを観客が知っているときのことです。ほとんどはサスペンスに利用されていますが、例外もいくつかあります。

チャック・ジョーンズの傑作アニメ「子ネコに首ったけ」では、大きいブルドッグが可愛い子猫を連れて帰ります。ただし、飼い主の女性から家の中には何も持ち込まないよう厳しく言われているので、新しいペットのことは秘密にしておかねばなりません。

作品中、その女性がクッキーを作り始めたときに、小麦粉入れに隠れていた子猫が電動ミキサー用のボウルに入ってしまうシーンがあります。女性がミキサーのスイッチを入れても、ミキサーは動きません。ブルドッグがコンセントを抜いたからです。ブルドッグが自分のペットを救おうとしていることを知らない彼女は、単にいたずらしていると思い込みます。そしてお菓子作りを邪魔されないよう、ブルドッグを外に出してしまいます。この間に子猫はボウルから這い出して、別の場所に移動します。

この子猫の動きは、女性もブルドッグも見ていないので、観客だけが知っていることになります。

つまり、優位な立場になったのです。

クッキー生地に子猫が入っていたことなど知らないまま、女性が台所に戻ってきます。ペットの子猫が心配で窓の外から覗くブルドッグをよそに、女性はミキサーのスイッチを入れます。ブルドッグはかき混ぜられる生地を見て途方にくれ、小さな子猫のことを思うしかできません。

私はこの作品を映画館で見ましたが、このシーンでは聞いたことのないほど大きい笑い声が起きていました。哀れなブルドッグは恐怖におののきながら、生地がめん棒で伸ばされ、型抜きされてオーブンで焼かれるのを見つめます。

どうすることもできないブルドッグは我を失い、赤ん坊のように自分の涙でできた水たまりの上で泣きじゃくります。

観客はなぜこのシーンがおかしいと思ったのでしょうか？　実際に、おかしかったのです。

その理由は、観客が子猫の無事を知っていたことにあります。可愛い子猫がミキサーでかき混ぜられ、型抜きされたうえに焼かれるというシーンに観客がどのように反応するか想像してみてください。おかしいわけがありません。このケースのように、観客もジョークに巻き込むことで、作り手は遠慮なくブルドッグにひどい仕打ちをできるのです。

過去の恐怖体験も面白おかしく語れることがありますが、これは、自分自身の過去に対して優位な立場にあるから、つまりすべて問題なく済んでいることを知っているからです。

このようなツールがあることを頭に入れておきましょう。使い方次第で、観客を怖がらせたり楽しませることができます。

作り手はこの種のインビジブルインクを見過ごしがちですが、読者にページをめくってほしい、視聴者に最後まで見てほしいのであれば、このテクニックをマスターしておいて損はありません。

アルフレッド・ヒッチコックは50年に及ぶキャリアの間、このテクニックで映画ファンを魅了し続けました。

一度見せて知っておいてもらう

これはストーリーテリングに大変有効なツールです。そして観客にはたいてい見えない、つまり「インビジブル」です。

「アフリカの女王」という映画の中で、主人公たちを乗せた小型のボートが沼に迷い込んでしまうシーンがあります。ハンフリー・ボガート扮するチャーリーが水に入り、ボートを手で引っ張って沼から抜け出そうとします。抜け出せないままボートに戻ると、キャサリーン・ヘプバーン扮するローズがチャーリーの体にヒルが吸いついていることに気付き、チャーリーはパニックになります。ヒルを異常なほど怖がり、体も震えています。動揺している様子は誰の目にも明らかでした。

何とかヒルを体からはがしますが、このままボートに乗っていたのでは事態は改善しません。そこで、チャーリーは再び自分でボートを引っ張り出すことにします。つまり、もう一度沼に入るのです。その現実に直面した彼の恐怖は、観客にも伝わってきます。

再び川に入るチャーリーを見て、観客は彼が勇敢な男であることを知ります。彼にとっては途方もなく大きな障害に立ち向かっているわけですから。まるで自身のクローンキャラクターにでもなったかのようです。彼の勇敢度は、その前の怖がるシーンによって測ることができます。

この種のインビジブルインクの使用例をいくつか見てみましょう。

「未知との遭遇」では、ＵＦＯをリアリティの一部として使用しています。次は劇中のある有名なシーンです。

リチャード・ドレイファス扮するロイが夜中にトラックを運転していて道に迷ってしまいます。トラックを停めて地図を見ていると、後ろからヘッドライトが迫ってきます。ロイが手振りで先に行くように促すと、その車はロイの車を追い越していきます。

その少し後、ほぼ同じようなシーンが繰り返されます。ロイがトラックを停めて地図を見ていると、再びヘッドライトが後方から迫ってきます。ロイは地図を見ながら、先ほどと同じように手振りで先に行くように促します。ロイは顔すら上げていないので、そのライトが上に移動していくことに気付きません（ここでは優位な立場が効果的に使用されています）。気味の悪いシーンです。

この演出がとても効果的なのは、先に普通の車のヘッドライトが映し出されたからです。観客は、何が普通で、何がおかしいのかを比較できます。とても賢いストーリーテリング手法です。

興味深いのは、観客の多くは最初のヘッドライトをすっかり忘れてしまうものの、それを見せられたからこそ、２回目のライトが奇妙で空想的に見えるという点です。

スピルバーグは、一作目の「ジュラシック・パーク」でも同じ手法を使っています。サム・ニール扮するグラント博士は、ティラノサウルス・レックスの視覚が動きを捉えることを知っています。

そこで発炎筒を振って離れた場所に放り投げ、T－レックスがそれを追うようにすることで、襲われている子供たちを救います。

その直後、今度はジェフ・ゴールドブラム扮するマルカム博士が車から出て同じことを始めます。発炎筒を振り、恐竜の注意を引き付けます。しかし同時に自分も後ろに走るため、T－レックスはマルコム博士に向かってきます。博士は発炎筒を投げてT－レックスがそちらに行くよう仕向けますが、うまくいきません。恐竜は一目散にマルコム博士を追いかけてきます。

このように、どういった事態に陥るかが明らかであると、観客は緊張感を覚えます。

この種のインビジブルインクは、ピクサー社の「ファインディング・ニモ」でも使用されています。めげないニモは、飼われている水槽から脱出する計画を立てます。ほかの魚に計画を伝えるシーンを通じて、観客にも計画がどのようなものかを説明しているので、観客は後にトラブルが発生した際、計画のどの部分がどう狂ったのかを理解できます。

これにより、観客はぞくぞくするような不安感を感じます。爪を噛みながら、事の成り行きを見守ります。「うまくいくのだろうか？」と心の中で叫びながら。

子供の頃、特殊効果に関する雑誌や本をいろいろ読みました。掲載されていたミニチュアの写真には、

25セント硬貨かそれに近い大きさものが横に並び、サイズを比較できるようになっていました。硬貨のサイズは誰でも知っているので、模型がどれほど小さいかを把握できました。

これは、「3匹の子豚」という物語での最初の2匹の使われ方に似ています。先ほどのように、最初の2匹の失敗から、3匹目の成功を予測できるのです。ある意味、これは比較対象であり、判断基準となります。

車のヘッドライトが横を通り過ぎずに浮き上がれば、誰でも何かがおかしいと思います。

T－レックスに立ち向かったマルカム博士が危機に瀕しているのは、想定通りの展開にならなかったからだということも、観客は感じ取ります。

経験の浅い物書きは、このような形でのインビジブルインクを見落としがちです。真っ先に3匹目の子豚だけを見せて、観客が「理解」してくれることを期待します。しかし、そううまくはいきません。

インビジブルインクとは、観客との明快なやり取りであり、あなたのストーリーを体験してもらうのに必要なことを観客に感じ、考えてもらうことなのです。

8章

優れたストーリーに見られる誤り
批評の解釈方法
自分の作品を見定める

優れたストーリーに見られる誤り

ある日、私は「未知との遭遇」を見ていて、エンディングが誤っていることに気付きました。誰に伝えればよいかのかわかりません。私は筋を追っていただけですが、ドラマ構成に文法エラーを見つけてしまったのです。

まず断っておきますが、私はスピルバーグのファンです。彼の作品を嫌いだという人が少なからず存在するのも事実です。しかし、彼は秀逸なストーリーテラーです。彼の作品からなるべく多くを学び、そのスキルを自分が伝えたいストーリーに活かすべきだと思っています。

簡単にまとめると、「未知との遭遇」は、ある晩ＵＦＯに遭遇したリチャード・ドレイファス演じる男が、再度ＵＦＯを見ることに執念を燃やす話です。ＵＦＯは彼の脳にあるイメージを植え付けます。そして彼は、その形が何を意味しているのかを躍起になって知ろうとします。

彼の言動はおかしくなり、妻は子供を連れて出て行ってしまいます。

彼は、頭の中のイメージがワイオミング州にあるデビルスタワーであることに気付くと、さまざまな障害を乗り越えてそこに到達します。

詳細は省きますが、デビルスタワーに着いた彼は、ＵＦＯを見ただけでなく、宇宙人と一緒に旅立つように招かれます。これこそ彼が望んでいたことだったので、胸を躍らせながら宇宙船に乗り込みます。そしてエンドロールが流れる中、宇宙船は空へと飛び立ち、リチャード・ドレイファスを誰も知らない不思議な旅へと連れて行きます。

これで映画は終わりですが、このエンディングは誤っています。

リチャード・ドレイファス演じるロイには、妻と子供がいるのに、彼らを残して行ってしまいます。彼は犠牲を払っておらず、自分勝手な行動としか言いようがありません。つまり、彼は経験から何も学ばず、成長していないのです。

映画の中には、ロイが何十年も帰ってこないかもしれないと伝えるクローンが何人も登場します。何年も行方不明になっていた後に、地球に帰還した人たちです。彼らの家族は今どこにいるのでしょうか？　彼らはもう人生を取り戻せません。それでもロイは行くのです。

彼は、短い時間ですが、息子が連れ去られて取り乱す母親を目撃しています。ロイが宇宙船に乗り込まず、飛び立つのを見送るようにすれば、さらにインパクトの強いエンディングとなったでしょう。

これは私の個人的意見でしょうか？　そんなことはありません。この問題に気付いた後、スピルバーグ自身が今だったら別のエンディングにするだろうと語るのを聞きました。

この脚本を書いた当時、彼は独身でしたが、今は家族がいます。彼を取り巻く状況の変化が、彼にそう言わせたのだと思います。

スピルバーグが犯したミスは、多くの作家が犯しやすいものです。ストーリー上、起きるべきことに目を向けず、自分がその場にいたら取るであろう行動をキャラクターに演じさせてしまいました。

皆さんは、ストーリーの奴隷であり、主人ではありません。皆さんの仕事は決断を下すことではなく、発見をすることです。

私の大好きなもう1つのスピルバーグ映画「レイダース／失われたアーク《聖櫃》」も見てみましょう。

この映画にどこに誤りがあるのでしょうか？

実は、この映画に関しては親友としばらく議論を交わしています。最終的には、意見の一致を見ることになると思いますが、彼は、ハリソン・フォード演じるインディアナが、なぜ聖櫃を開く際は目をつむるということを知っていたのか疑問に思っています。

インディアナは聖櫃の専門家という設定なので、最後に何をするべきかを知っていても不思議ではない、というのが私の言い分です。

まず、デウス・エクス・マキナ（機械仕掛けの神）と思われるものから見ていきましょう。これは文字通り、突如として現れた神が救ってくれることを指しています。この作品のストーリーテラーはとても賢く、映画を通して神を登場させているので、最後に聖霊が出てきても驚かないようになっています。

たとえば、マリオンが初めてラーの杖飾りを取り出すシーンでは、風が吹き始めます。このとき彼女は屋内にいるのですが、それでも風が吹きます。

その後、年老いたエジプト人の男が杖飾りの刻印を解読するときも、さらに強い風が吹きます。

この場面も屋内なので、風が吹くのは不自然です。

次は、聖櫃を掘り出すシーンです。嵐雲がわきあがり、稲妻が走ります。これこそ旧約聖書に描かれている神の振る舞いです(ちなみに、この作品では別の用途で天候は用いられていません)。

神の振る舞いは、聖櫃が収められている木箱から、ナチスの卍の焼印が焼き切られるシーンでさらに大胆になります。このような流れの中、観客はいつ神が現れてもよいように心の準備ができているので、終盤に聖霊が出現しても違和感を感じないのです。

最後に聖霊が聖櫃から出てくることに、どんな意味があるのでしょうか?

それは、インディアナ・ジョーンズというキャラクターの変化に行き着きます。

映画の冒頭では、インディアナ・ジョーンズは神を信じていません。しかし終盤では、全能の神を信じているように見えます。

しかし、これらの神の振る舞いは、インディアナ・ジョーンズに何も恩恵をもたらしていませんし、神は彼の前に現れていませんから、彼の変化は唐突な感じがします。これが機械仕掛けの神です。

彼は突然が変わったのです。だから私の友人は、インディアナ・ジョーンズはなぜ目をつむらなければならないと知っていたのか疑問に思っているのです。

アルバート・ブルックスはとても楽しい映画監督ですが、ストーリーテリングでは時々間違いを犯します。彼は「ミスター・コンプレックス／結婚恐怖症の男」で、監督と主演を務めました。主人公の男は結婚に失敗しますが、母親と一緒に住むようになったことで、なぜ自分が女性とうまくいかないかを理解していきます。彼と母はそりが合わず、それこそが彼が女性とうまくいかない原因であると気付きます。

問題は、アルバート・ブルックス扮するジョンが自分で母と住むことを決めた点にあります。対立がどこか無理矢理な感じがするのです。2人は、見ていておかしいぐらい意見が食い違います。互いをイライラさせてばかりですが、一歩下がって考えれば、ジョンはいつでも好きなときに出て行けるのです。このせいで、面白い対立も不自然になってしまっています。私は映画を見ながら、「なぜ出て行かないんだ？」と心の中で問い続けていました。これでは正直な描写とは言えません。覚えていますよね。真実を伝えるべきだということを。

2人のキャラクターが互いの意に反して一緒にいるとき、ストーリーテラーはその理由を示さなくてはなりません。たとえば「おかしな二人」では、オスカーはフェリックスが自殺するのではと心配しています。フェリックスにイライラさせられてばかりのオスカーですが、それでも彼に死んでほしくないのです。一方のフェリックスは、どこにも行くあてがありません。このような状況が、2人が一緒に暮らす理由となっています。

「ミスター・コンプレックス／結婚恐怖症の男」でも、このような理由付けが必要でした。皆さんも実際に映画をご覧になってみてください。

ビリー・ワイルダーの「第十七捕虜収容所」は、私はＤＶＤも所有していますが、テレビで放映されると見ずにはいられません。ワイルダーの作品は大好きですが、この作品は失敗作だと思います。

ストーリーの舞台は、第二次世界大戦中のドイツの捕虜収容所です。アメリカ人捕虜たちは、兵舎内にドイツ人スパイがいるのではと疑い始めます。ウィリアム・ホールデン演じるセフトンが、スパイではないかと疑われます。彼は非常にグレーなキャラクターなので、スパイ疑惑をかけられても不思議ではありません。

しかし、ストーリーの中で機能していないように思えるキャラクターが2人います。彼らは息抜きのような笑いを提供する存在なのですが、彼らのせいで、メインストーリーから焦点がずれてしまうときが多々あるのです。これらのキャラクターは、メインプロットをほとんど支えていません。つまり、痩せたスクリプトに脂肪をつけるような役割です。

この映画を何人かに勧めたことがありますが、やはりこの2人のキャラクターが映画を台無しにしていると感じたようです。

私はこうしたミスを探しながら、映画を見ているわけではありません。鑑賞後しばらくすると、ミュージシャンにとっての不協和音のように、これらのミスが頭の中で響きだすのです。

批評の解釈方法

実を言うと、ほとんどの人は、作品の気になる点を明言できるようなスキルを備えていません。自分の好みとドラマ観というレンズを通して、作品のあらゆる側面を見ています。作家がやろうとしている試みに目を向け、その実現に向けて偏見のないアドバイスを送るのは不可能に近いです。コメントは主観的で、客観的ではありません。だから、人によって感想が違うのです。

人は、自分が博学に聞こえるようなことを言います。指摘してくるのは、言葉遣いや句読点の位置などです。メインキャラクターが気に入らなくても、自分が金を貸した相手に似ているからだとは決して言いません。彼らは実際に目に見えるものしか見ないので、インビジブルインクなど見えるわけありません。

では、こうした批評をふるいにかけて、本当に役立つ情報のみを引き出すにはどうすればよいのでしょうか？　重要なのは、彼らが言うことを鵜呑みにするのではなく、何を言いたいのかを理解することです。歌詞ではなく、音楽に耳を傾けます。

エンディングが気に入らないと言われたら、「第3幕で何かおかしな点があるとしたら、本当の問題は第1幕にある」というビリー・ワイルダーの言葉を思い出してください。

ヒントをいくつか紹介します。

- 同じ内容の批評を3人以上から受けた場合は、耳を貸しましょう。しかし、彼らは病状を説明しているだけで、病気には言及していない可能性もあるので注意が必要です。
- 「ストーリーで何が起こっているのか理解できない」という批判は甘んじて受け入れましょう。
- 「ストーリーの途中で興味を失った」という批判を受けたら、それがどこかを探します。
- 別の作家による批評は、たいてい気にしないでかまいません。彼らは自分の持っているイメージ内であなたを修正しようとします。「私だったらこうする」というように。直接的には言わないだけです。
- ストーリーを明確に伝えられている場合、ほかの作家はたいてい「露骨すぎる」と評価をします。

アニメの仕事では次のようなことも学びました。完成前のものを見せると、相手は良くないところや修正方法を伝えなければいけないと思います。しかし、完成した作品を見せると、好意的に受け入れてもらえます。

自分の作品を見定める

作家とは、他者のために書くよりも自分のために書く方が難しい人たちである。

―トーマス・マン

ほかの作家のためには書かないでください。人が作品に惹きつけられる理由はさまざまですが、多くは自分を知的に見せるためだったりします。あなたが優れた第1幕を書いても、ほとんどの人は認識すらしません。なぜなら、第1幕の役割が理解できていないからです。彼らは構成について何もわかっていないのに、構成を鼻であしらいます。構成を知らない人ほど、構成を軽視します。

優れた作品を生み出す人たちを見ていて気付くのは、彼らは常に高みを目指しているということです。その姿勢があったから、そこまで上り詰めたのです。彼らは、自身の最高の作品を基準に自分自身を評価します。常にその上を狙っています。

ストーリーテリングに集中すれば、あとはアートが面倒を見てくれます。

自己表現という言葉は、ストーリーテラーにとってずっと悪影響でした。ストーリーは決してストーリーテラーについてではありません。自分自身に焦点を当てることは、ストーリーにとって最善ではないのです。

自分の作品を他者の作品とみなす訓練をしましょう。他者に対するのと同じように、自分にも厳しくします。

巨匠と呼ばれる人たちから学ぶことが大切です。彼らが何をどのように行い、なぜそれが成功したのかを検証し、自分の作品に反映させます。

一時的な成功に溺れてはいけません。目新しいものや奇抜なものを真似するのも避けた方がよいです。たとえば、ストーリーを結末からさかのぼって伝えたり、順番を入れ替えたりなど、ちょっと変わった手法で作品を仕上げたからといって、それが今後の主流になるわけではありません。結末から始まる映画を何本も見たいと思いますか？

観客へのリスペクトも忘れないでください。「理解する」のは観客の仕事ではありません。ストーリーを伝えるのは皆さんの仕事です。

自分は現時点のベストを尽くしていると認め、自分を責めるようなことはやめましょう。人は成長するものですから。

9章

優れたストーリー、好調なビジネス

優れたストーリー、好調なビジネス

1993年は、私の知る限り、アメリカで最も多くの漫画が発行された年でした。しかし、そのわずか数年後には、漫画の発行部数は激減し、この媒体の存続そのものを危ぶむ声さえ聞かれるようになりました。なぜこんな大転換が起きたのでしょうか？　原因は、ストーリーとストーリーテリングの欠如です。

漫画の世界では、スーパースターは作者である作画担当です。ファンはたいてい、最初は本のアートワークに魅せられます。90年代初頭、編集者はこぞって有名なイラストレーターに絵だけでなく執筆もさせるようになりました。

これらの作者の中には、大手出版社から独立し、自分で本の制作・出版を始めた者もいます。当然ながら、これらの新しいビジネスは製品を買ってもらうことが目的なので、本をコレクターズアイテムと銘打って宣伝しました。業績は驚くほど好調でした。

本の装丁にはさまざまな趣向が凝らされました。金の表紙、銀の表紙、プラチナの表紙、暗闇で光る表紙といった具合に。1つの本をできるだけ多く買ってもらおうという戦略でした。コレクターの中には、同じ本を10冊、20冊と購入する人もいました。この戦略は、魔法のような成果をあげたのです。

しかし、この金脈のような市場は次第に衰退していきます。20部も持ってなくても「Superman

#1」の価値に変わりはないということに、人々が気付き始めたのだと思います。表紙に「コレクターズアイテム」と印刷されているかどうかは、この本の価値に関係ないということに。

彼らの戦略は何が間違っていたのでしょうか？　それは、読者ではなく、購買者をターゲットにしたことです。これらの漫画を実際に読む人はほとんどいませんでした。なぜなら、能力のあるプロの作者が雇われたケースは稀だったからです。アーティストが執筆しない場合は、高校時代の友人などを雇って執筆させていました。これらの「作者」にはストーリーテリングの能力がありませんが、上層部は気にしませんでした。そもそも、これらの本は読んでもらうためのものではなく、コレクターがビニール袋に入れて安全な場所に保管し、プレミア価格での転売することを目的としていたからです。

つまり、そういうことです。ストーリーやキャラクターを面白くする努力をしていれば、たとえ膨大な利益にはつながらなくても、本は継続して買ってもらえたはずなのです。

これらの会社は、致命的なレベルでストーリーの重要性を軽視してしまいました。今では、これらの会社のほとんどが市場から消えているか、過去の栄光でかろうじて存命している状態です。彼らが出版した漫画は、漫画界の墓場ともいえる安売りワゴンに並んでいます。表紙に記された価格が2ドルちょっとの「コレクターズアイテム」が、わずか25セントで売られています。

これらの会社の中には、漫画制作を志望する人たちに向けた解説書を出版したところもあります。その中の執筆の章には、「各号のストーリーの目的はシンプルなものとし、適当に中身を埋める」と書かれていました。これは決して誇張ではありません。ストーリーの執筆に関する章には、ほぼこれしか書かれていませんでした。

これらの会社は、ストーリーの構成や目的について、基礎すらも理解していなかったのです。

正反対のケースもありました。私は子供の頃、よく学校で、コミックライター兼アーティストだったフランク・ミラーが携わったマーベル・コミックスの「デアデビル」を読んでいました。算数のクラスが同じだった女の子から、漫画ばかり読んでいるとからかわれたものです。

ある日、早めに課題を済ませた彼女は退屈していたのでしょう、私に漫画を貸してくれないかと尋ねてきました。「デアデビル」が載っている号を貸してあげましたところ、彼女はストーリーにすっかりはまり、もっと読みたいと言い出しました。そこで、そのシリーズが載っている全号を持ってきて貸してあげました。彼女は一心に読み続け、最後の号を読み終えると次の号を欲しがりました。次の号まで1ヶ月待たなくてはいけないと知ったとき、彼女は面食らったような表情をしていました。

フランク・ミラーが書く本は、男らしさと女らしさの要素が絶妙なバランスで配分されています。アクションもふんだんに盛り込まれているのですが、感情的な要素も十分に備わっていたので、私、算数のクラスの女の子、それに何千という人が首を長くして各号を待つほどでした。

フランク・ミラーがストーリーテラーの中心となってから、マーベルの中で最も売れていなかった「デアデビル」が、最も有名な作品へと変貌しました。マーベルは、数十年経った今でも、ミラーが手がけたシリーズ2から収益を上げています。

つい最近、ハリウッドの大手代理店の社員と飲む機会がありました。そこでちょっとした議論になりました。「優れた映画を作るのは簡単ではない、簡単だったら誰でも作れる」と彼は言います。理屈が通っているように聞こえますが、私の知るストーリーテラーの大半は、ストーリーテリングを真剣に勉強しようとはしません。彼らは、毎回一から作り直そうとするか、観客の反応がよいとの思い込みから、ストーリーの男らしい要素にのみ集中したりします。または、ストーリーの女らしい要素ばかりを使った結果、観客から良い反応が得られなかったと嘆きます。

しかし歴史を振り返れば、生涯にわたり何度も成功を収めたストーリーテラーや、その死後もなお生き続けるストーリーも存在します。

なぜそんなことが可能なのでしょうか？　それは、文化や時代を越えて、より幅広い層の人たちの心に届く手法を使っているからです。そうしたストーリーテラーは成功を繰り返せるのです。彼らのテクニックを学べば、皆さんも成功が手に入る可能性が高まります。

２００３年の夏、続編映画やシリーズものの興行収入が予想を大幅に下回ったことに、スタジオは困惑していました。

ニューヨーク・タイムズには当時こう書いています。「アン・リー監督が期待していた人気漫画の実写版「ハルク」は、6月20日に威勢よくスタートしたものの(第1週の興行収入は6210万ドル)、翌週にはその70%まで急落した」

その年の夏にヒットが期待されたもう1本の作品は、「チャーリーズ・エンジェル フルスロットル」でした。

ニューヨーク・タイムズは次のような記事を掲載しています。「フーリハン・ローキー(Houlihan Lokey)投資銀行のエンターテインメントアナリストのデービッド・デイビスはこう述べている。「「チャーリーズ・エンジェル」のケースは興味深いものだった。成功するための要素はそろっていた。宣伝に莫大な金を費やし、出演者も熱心に宣伝した。文句のつけようがない。なぜこのような結果になったのかは分からないが、週末ごとに似たような映画が公開されたことで、本作もそのうちの1本ぐらいに思われたのであろう」

その夏に公開された作品のほとんどは、制作して公開したスタジオだけでなく、観客をもがっかりさせるものでした。映画が失敗に終わった原因を推測するアナリストは、ストーリーの質には触れていない点に注意してください。

同年の夏、ピクサー社は「ファインディング・ニモ」で再び大成功を収めました。ピクサー社の優秀なスタッフは、とにかくストーリーを重視します。何ヶ月もかけて仕上がってきたシーンでも、ストーリーの質を高めるものでないと判断した時点で採用しません。この原稿を執筆している時点では、同社の発表する作品はことごとくヒットを収めています。もっと言うと、「ファインディング・ニモ」のDVDは、史上最高の売り上げを記録しました。

私の友人の1人は、別の制作会社のストーリー部署で働いたことがあるそうです。彼の仕事は、CGを使った長編映画の原案をひねり出すことでした。時期は、ちょうど「シュレック」が大ヒットしていた頃です。その友人は、「トイ・ストーリー」はすでに古いので、参考にしないよう指示されたそうです。「シュレック」こそ、人々が見たがっているものだと。

ほとんどの人は理解していませんが、巧みに作られたストーリーは決して時代遅れになりません。ウォルト・ディズニーの「白雪姫」は、1930年代に公開されて以降、何世代にもわたって人々を魅了し続けています。

1939年に公開された「オズの魔法使い」もまた、時代を問わず、大人から子供まで楽しめる作品です。

映画や本がヒットする要因は、タイミング、新しいテクノロジー、今風の語り口などさまざまです。しかし、名作を生み出せるのは、人間の真実を伝える優れたストーリーしかありません。

ストーリーはインビジブルインクではありません。その気になれば、誰でも見て取れます。優れたストーリーを効果的に伝えることは、ビジネスの成功をもたらすだけでなく、それらを鑑賞する世界中の人々に有益です。

10章

私の仕事
White Face
伝えたことを繰り返す

私の仕事

これから紹介するのは、私が手がけた短編映画「White Face」の脚本です。この映画の制作をスタートしたとき、事情に詳しい人たちから短編映画は金にならないと言われました。実際、短編映画を上映する映画館はほとんどありません。しかし、配給元が決まって収益もあがり、今のところ順調です。

この脚本を読むにあたって、お願いしたいことがあります。脚本を2回読んでください。1回目は、構成を気にせずにただ読みます。どんな感じかをつかむだけで結構です。2回目は、いくつのインビジブルインクが使われているかを数えながら読んでください。

WHITE FACE

制作

ブライアン・マクドナルド

草稿：99/10/27

レントゲン写真がシャウカステンに吊るされている。スクリーン外で患者の容態について話す2人の声。内容は専門的で理解できない。指でレントゲン写真のさまざまな箇所を差している。

病院内

2人の医師：青い手術用の手袋をはめている。1人は顔全体にピエロのメーキャップをしていて、首には聴診器をぶら下げている。2人が会話しているそばを通り過ぎる人は、誰もそのうちの1人がピエロであることに気付かない。2人の会話はいたってまじめで、真剣そのものである。

ピエロの医師

（ボイスオーバー）「ここに至るまで簡単だったと言うつもりはありません。」

病院の屋外

ピエロの医師が病院の外にあるベンチに座っている。スクリーン外のインタビュアーに対して話している。キャプションが表示される「ハワード・ブリンキー医師（Dr. Howard Blinky）」

ピエロの医師（続き）

「でも楽な人生なんてありませんよね？　ピエロでいることが問題になるとは思いもよりませんでしたが、これが障害になるとは考えていません。もちろん「ボーゾー（Bozo）」絡みのジョークはよく言われますよ（ボーゾーは１９４６年にアメリカのＴＶに登場したピエロのキャラクター）。患者の中には、私がピエロであるというだけで診察を拒否する人もいます。嘘じゃありません。本当のことです。「触らないで、本物の医者を呼んできて」と、ある女性患者に叫ばれたこともあります。信じられますか？　今の時代にこんなことが起きるなんて。」

肩をすくめる

「子供の相手はうまいんですけどね。」

自動車整備工場の屋外

中年のピエロが立ってタバコを吸いながら、スクリーン外のインタビュアーに向かって話す。油のしみがついたつなぎを着て、手にはオルタネーターを持っている。キャプションが表示される「エド・ヤックヤック（Ed Yuk -Yuk）」

背後では、別のピエロの自動車整備工がボンネットを開けて作業している。

エド・ヤックヤック

（ニューヨークなまり）「ブロンクスのピエロ地区で育ちました。」

挿入：40年代のニューヨークの住宅街の写真。通りを歩いているのは、「普通」の人ではなくピエロばかり。

エド・ヤックヤック

「海兵隊を出てからこっちに引っ越してきました。ベトナム戦争の後です。」

エド・ヤックヤック

挿入：エドと海兵隊仲間たちの古い写真

「あっちでは、私がピエロかどうかなんて誰も気にしませんでした。いきがった連中が時々ソーダ水のボトルを噴射してきたくらいです。」

エド・ヤックヤック

エドが拳を上げる。

「誰も二度目はやりませんでしたけどね。」

ピエロの老女

ピエロの老女の家

室内はピエロ一家のいろいろな家族写真やサーカスの小物や像で飾られている。ピエロの老女が紅茶のカップを持ってキッチンから出てくる。そしてスクリーン外のインタビュアーに向かって話す。

「両親がこの国に来た頃、ここは決してピエロに住みやすい場所ではありませんでした。どこに行っても指を差されて笑われたそうです。

ひどい、とにかくひどかったようです。」

女性が座る。キャプションが表示される「クララベル・コンフェッティ夫人（Mrs. Clarabelle Confetti）」

挿入：古いモノクロ映像に、窓に掲げられた看板が映し出される。1つには「NO CLOWNS ALLOWED（ピエロ入店禁止）」と書かれ、募集の看板には「CLOWNS NEED NOT APPLY（ピエロ以外）」と書かれている。

クララベル

「当時祖国から抜け出すには、サーカスに入るしかありませんでした。サーカスにピエロが欠かせなくなったのは、こんな事情があったんですよ。」

大学教授のオフィス

インタビューは、整理の行き届いた本棚の前で行われる。メガネが半分ずれ落ちた状態のまま話す。キャプションが表示される「バーナム・N・ベイリー教授、ピエロ学の博士（Barnum N. Bailey Ph.D. Professor of Clown studies）」

ベイリー教授
「19世紀の終わり頃、ピエロはエンターテインメント業界で絶大な人気を誇っていました。金になるということで、ピエロ以外の人たちがピエロのメーキャップをしていました。赤いゴムの鼻をストラップで留めて、白塗りの顔で演じるようになりました。」

挿入：演じているピエロの古い写真

ベイリー教授
「そのうち、こうした偽者たちのショーの方が人気を集め、本物のピエロたちは仕事にあぶれるようになりました。」

ベイリー教授に戻る。

ベイリー教授
「当時は偏見がひどく、観客は本物のピエロよりもピエロに扮した者たちにお金を出したがったのです。」

ホーボーピエロの不景気を示す映像

ベイリー教授

(ボイスオーバー)「「ホーボー・ピエロ」という固定観念が生まれたのもこの頃です。「ホーボー」は祖国ではごく一般的な名前ですが、アメリカでは「ホームレス」と同じ意味になっていました。」

ベイリー教授に戻る。

ベイリー教授

「私たちが今使っている言葉を見渡してみてください。ピエロを連想させる言葉は、ことごとくネガティブな意味合いを持っています。明日出社して、上司を「まぬけなピエロ」や「ボーゾー」なんて呼んだら、きっとクビになるでしょうね。」

中学校の駐車場

ブリンキー医師がリモートキーを使ってBMWをロックし、立ち去る。カメラがすぐ後ろから追いかける。ここでも医師はスクリーン外のインタビュアーに話しかける。

ピエロの医師　「学校から呼び出されたので病院を抜け出してきました。息子がまたほかの子と喧嘩したようです。」

中学校の受付

医師が受け付けのデスクに向かい、ピエロではない受付の女性に話しかける。

ピエロの医師　「息子のことで来たのですが…」

受付　（会話を遮ってうなずく）「キャメロン君のお父さんですね。鼻が同じだからすぐ分かります。」

ピエロの医師　（大まじめに）「そうですか。」

校長室

明らかに怒った表情の医師は、促されるままキャメロンの待つ校長室に入る。子供のピエロがふくれっ面で腕を組んで座っている。少年はこの年代の子供らしい服を着ている。

校長　「またお呼びして申し訳ありません。キャメロン君はどうしてもいさかいが避けられないようです。」

医師がため息をついてから息子に話しかける。

ブリンキー医師　「何をした？」

子供が肩をすくめる。

ブリンキー医師　「お前が喧嘩するたびに仕事を抜け出すわけにはいかないんだ。さあ、何があったのか聞かせなさい。もう一度トラブルを起こしたら

ブリンキー医師　退学させられるんだぞ。わかってるか？　いつものように、理由もなしにからかわれたなんて言い訳は通じない。お前が何かをしたからこうなったんだ。」

校長　（校長に向かって）「何があったのですか？」

ブリンキー医師　「まあ、子供のすることですがね。彼と他の2人がお道化て・・・」

校長　（話を遮る）「ちょっと待ってください。今の言い方は聞き捨てなりません。」

「そんなつもりで言ったのではありません。表現方法の1つにすぎません。あなた方にはユーモアのセンスがおありでしょう。」

ブリンキー医師　「どんなつもりかは、こちらの知ったことではありません。この子を退学させる必要はありませんよ。私がこの子を辞めさせますから。キャメロン、ジャケットを持ちなさい。」

駐車場に戻る

ブリンキー医師

怒りに気が動転したブリンキー医師が車の前に立っている。彼はカメラの前で醜態をさらしてしまったことを少し恥じている。苛立ちからくる涙を抑えるように鼻を押さえている。少し間をおいてから話し出す。顔を上げると、そこには涙が描かれている。

「すみません…、泣いたりして。一生懸命働いてきたのに…、私は医者なんですよ！　今の時代でさえ、ピエロが医者になるのはとても珍しいことなんです。子供たちが同じ仕打ちを受けないようにと、必死にやってきたんです。こんなことが今もまかり通るなんて。私はハーバード大学まで行ったんですよ！」

ジャケットを着たキャメロンが車に近付いてくる。彼も大きなピエロ靴をはいている。舗装された道を打つ足音が聞こえる。

大学教授のオフィス

ベイリー教授

ベイリー教授がインタビュアーに話しかける。

「多くの人は、何人かの有名なピエロが登場したことで状況は変わったと勘違いしています。実際、サーカスという侮辱的な固定観念を打ち破り、かなりの成功を収めたピエロもいますよ。ロナルド・マクドナルドやボーゾーなどがいい例です。正直、彼らが毎晩どのような気持ちで床に付くのかは想像もできません。」

エド・ヤックヤック

エド・ヤックヤック

ボンネットが開いた車のそばで、ピエロの整備工が客と言い争っている。

客

「なんでそれを交換しなくてはならないんだ？」

「古いパーツを見ますか？　お見せしますよ。（工場内の別のピエロに向かって）ロロ、交換した古いパーツを持ってきてくれ。」

客　「エンジンを整備してくれと頼んだだけなのに、こんな余計な作業まで必要だったと言うのか？　そんなの頼んだ覚えはない・・・」

エド・ヤックヤック　「…余計な作業と言いますけど、スパークプラグを交換しただけですよ。エンジン調整ではよく行われることです。」

ロロがスパークプラグが入った浅い箱を持ってきて客に中身を見せるが、少しまごついて顔を隠そうとする。

客　「これが俺の車に付いていた古いプラグだという証拠は？」

エド・ヤックヤック　（ボイスオーバー）「これはこのお客さんのものかい？」

ロロが声ではなく、パフパフホーンを数回鳴らして答える。この態度に客が怒り出す。

客　「何だこいつ。英語もしゃべれないのか。お前らの助けになればと思って頼んでやったのに、ごまかすとは何様だ。」

差別的な人物として映ったことに対し、客がカメラに向かって言い訳をする。

客（続き）
「俺は決して差別主義者なんかじゃないけど、アメリカに来た以上、英語を話すのは当然でしょう。彼らのためにもなるわけだし。それに、何を話しているのかわかったもんじゃない。目の前で自分のことを話されていてもわからないじゃないか。」

客
（エドに向かって）「いくらだ？　本物の自動車整備工場に行くよ。最低でも英語が通じる工場にね！」

整備工がボンネットを無造作に閉める。

エド・ヤックヤック
「金はいらないから、俺の36インチの靴をけつから引っこ抜かなきゃならなくなる前に、ここから出て行ってくれ。」

客が車に乗り込んで通りに出る。腹が立ったロロは、車に向かって怒りを込めてパフパフホーンを鳴らす。客がクラクションを鳴らし返し、走り去る。

エド・ヤックヤックの整備工場

ロロが寂しそうにスクリーン外のインタビュアーに向けてパフパフホーンを鳴らし、字幕でその内容が表示される。エドはいとこのロロの横に立って、話を聞きながらうなずく。

ロロ（字幕）

「いとこがアメリカから送ってきた絵葉書からは、アメリカは楽園のように思えました。何といってもロナルド・マクドナルドがいる国ですからね。でもアメリカにピエロの居場所はありません。マクドナルドさんのように誰もがゴールデンアーチがあるお城に住めるわけではないのです。」

クララベルの家

彼女がカメラに向かって古い家族写真を見せる。

クララベル　「これは私の両親です。これは夫のチャックルス（Chuckles。１９７０年のシットコムに登場したキャラクター）。安らかに眠っていて欲しいものです。ロデオの事故でした。この７月で９年になります。笑顔が最高に素敵な人でした。」

次の数枚の写真を見せるとき、彼女の表情が曇る。少し怒っている。

クララベル　「これは息子のボーボーです。違う人種の人と結婚しました。」

ここだけの話というように小声でつぶやく。

クララベル　「奥さんはパントマイマーなの。」

クララベル　（普通の声で）「彼がなぜ彼女のとの結婚に踏み切ったのかわかりません。彼らは私たちと違いますから。でも彼の人生です。夫が生きていなくてよかったですよ。心配なのは孫たちです。ピエロなのか、パントマイマーなのかはっきりしないのですからね。それに、この嫁の言うことは一言も理解できません。」

箱の中に閉じ込められた仕草をしながら、急に真顔になる。

クララベル　「彼女がこれを見ることはないんですよね？」

公園のベンチ

ブリンキー医師が公園のベンチに座り、隣でキャメロンがアイスクリームを食べている。顔には涙はない。インタビュアーに向かって話す。

ブリンキー医師　「今回の息子の件は、自分自身をじっくり見直す機会となりました。安定した仕事、BMW、郊外の家がすべてを解決すると思っていました。ピエロである前に1人の人間だということを世間はわかってくれると。」

ブリンキー医師　（苦笑しながら）「たぶん、私が子供の頃とほとんど変わっていないのでしょうね。自分と異なる見た目の人をからかうのが、今でもおかしいのでしょう。息子の世代では少しずつ変わっていくのかもしれませんが。」

自動車整備工場

ピエロの整備工のエドが店先でインタビュアーに話す。

エド・ヤックヤック

「いとこのロロにこの国に留まるように説得しました。確かに問題はありますが、それでもここは世界一の国です。ピエロを取り巻く環境も少しずつよくなっていますしね。このままいけば、ピエロの大統領がいつか登場するかもしれませんよ。」

大学教授のオフィス

ベイリー教授がインタビュアーに話しかける。

ベイリー教授

「結論から言えば、この問題について人々を教育することは、ある程度の地位にあるピエロの義務だと思っています。ところが著名なピエロの多くは、まるで「身を潜め」ようとしているようです。彼らの多くは他の人種との混血なので、少し化粧をすれば、社会的により受け入れられている人種として通用するからです。」

ベイリー教授

「これをご覧の方の中にも、…」

ベイリー教授（続き）

「ピエロの血が流れている人がいるでしょう。今こそ立ち上がり、ピエロであること、そしてそれを誇りに思っていることをアメリカ中に伝えてください！」

暗転

クララベル・コンフェッティの写真が黒バックのスクリーン左側に表示される。その右側に次のキャプションがフェードインする。

キャプション

This film is dedicated to the memory of Miss Clarabelle Confetti who passed away shortly after filming was completed. She was well loved in her community and her memorial was attended by over one hundred Clowns.

They all arrived in one limousine.

（この映画を、撮影後間もなくこの世を去ったクララベル・コンフェッティ夫人に捧げます。地域でも人気者だった彼女の葬儀には100名以上のピエロが参列しました。全員が1台のリムジンで駆けつけました。）

暗転

「White Face」を見た人は、たいてい演技がアドリブだと思うようです。映画の評判は大方上々でしたが、その構成は観客に見えていません。

そこで脚本を追いながら、私がどんなことをしていたのか確認しましょう。

まず、ブリンキー医師が日常的に重要な仕事に携わっている様子から映画は始まります。これがこのストーリーのリアリティです。これはコメディー映画ですが、見えすいたどたばた劇やパロディーではなく、不調和をユーモアとして表現しています。つまり皮肉です。

ボイスオーバーによって、彼はピエロに扮した人物ではなく「ピエロ人」であることを示唆しています。

医師の個性も明らかにされています。自分の専門分野での功績を通じて、どんな人種差別にも屈しない男性として描写されています。この仮想世界には人種差別が存在することだけでなく、その人種差別こそがこの映画のテーマであるとわかります。

自動車整備工のエド・ヤックヤックは、労働者階級の人間として描かれています。これにより、ピエロが社会のさまざまな階層に存在していることがわかります。また、この頑強なピエロがベトナム戦争にも行っていたというのも、この映画のユーモアの中心に不調和があることを示しています。ベトナム戦争は作品にある種のリアリティを加えます。これはリアルな社会の話であることを示すと同時に、ピエロを人種として扱うことで、人種問題がテーマであることを繰り返し伝えています。

クララベル・コンフェッティは、また違った視点からこの世界を紹介しています。彼女によって、ピエロが偏見にさらされた過去が明らかにされます。

これら3人の異なるキャラクターは、アメリカにおけるピエロの代表的な側面を表しています。

合間に登場する教授は、キャラクターというよりはデバイス的な役割を果たしています。彼は、観客がストーリーを理解するために必要な情報を伝える役を担います。たとえば、ピエロにまつわる言葉に否定的な意味合いがあることを彼が話した後に、校長が「お道化る」という表現を使うシーンが続きます。観客は先に教えられることで、その後に起こる侮辱を自然に受け止められるのです。

各キャラクターが2回目に登場するとき、問題が発生していることに気付きましたか？　対立です。医師のケースでは、息子の件で校長室に呼ばれたときです。整備工は客の差別的な態度と衝突します。高齢の女性の場合は、彼女自身が抱える偏見が露呈します。

映画を見た人は、医師と校長がやりあうシーンから映画が面白くなってきたと言いますが、この反応には笑うしかありません。映画の中で最初に起こる対立なので当然です。対立は人々の関心を引き付けるからです。しかし、これらの対立が発生する第2幕は、第1幕があって初めて成り立つものです。つまり、第1幕がその後の話の流れにおける「インビジブルインク」となっているのです。

医師が主人公だと思われがちですが、それは、ストーリーの中でこのキャラクターが変化を見せるからです。第2幕では彼の信念が試されます。おかしいだけでは済まされないできごとが起きます。

各キャラクターはそれぞれ3幕構成で描かれています。整備工の第2幕では、偏見を持つ客と対峙します。第1幕では、エド・ヤックヤックがブロンクス育ちで祖国のために戦ったことが紹介されます。これを前提とすることで、騙されたと因縁をつけてくる客の行動に、彼がどれほどの屈辱を感じたかを観客に伝えられます。

クララベルの場合、対立は彼女自身の偏見にあります。彼女は、息子が選んだ嫁だから仕方ないという素振りをしますが、観客の見方は違います。なぜでしょうか？　人種差別主義者は悪い人で、その憎しみは他者を傷つけているというリアリティが確立されているからです。観客の多くがそう信じているかどうかは問題ではありません。重要なのは、そのことがストーリーによってドラマ化されていることです。

第3幕は、第2幕の一部のようにも見えるので分かりにくいかもしれません。

ブリンキー医師のケースでは、起こったことに対して車の前で涙を流すシーンが第3幕です。

整備工のストーリーでは、パフパフホーンを鳴らすロロというピエロのキャラクターは明確に定義されていません。どちらかと言えばエドの内なる声のような役割を担っています。ここは果たして想像していた通りの国だったのか？　エドの信念が試されています。ロロの語るシーンが整備工の第3幕です。

クララベルの死は、第3幕と結末（「以来ずっと」）を統合したものです。彼女のストーリーはどのように解決したか？　死です。彼女の「以来ずっと」は？　それも死です。そして観客は、彼女が生涯にわたり差別的思想を貫いたことを確信します。実際、彼女は変わりませんでした。

ブリンキー医師の結末は？　最後に登場するシーンで彼は変わりました。最初に登場したときと同じではありません。彼は認めていませんが、差別視されることにずっと痛みを感じてきたのです。彼の息子は、彼の過去を映し出すクローンです。そうした差別的対応が息子に与える影響を考え、彼は変わらざるを得ませんでした。

このストーリーは三幕構成ですが、ほとんどの人はそれに気付きません。見えていないのです。この映画を見たというある大手映画制作会社のプロデューサーから連絡をもらいました。彼らと一緒にやる気はないかと尋ねてきましたが、まずはストーリーテリングについて私が理解している証拠が欲しそうでした。

彼は映画を気に入ったようです。しかし映画は褒めていたものの、彼には私がストーリーを語れることが伝わっていませんでした。つまり彼は、インビジブルインクについては何も分かっていなかったのです。

伝えたことを繰り返す

この本を友人に読んでもらい、私と映画の好みが同じだから面白かったという感想を聞くまで、私はこの本をどう締めくくればよいか判然としませんでした。しかし彼女の感想を聞いて、自分が言いたいことが伝わっていないことに気付きました。この本は個人の好みについて書いたものでないのですから。

ストーリーを客観的なレンズを通して見るという発想は馴染みが薄く、それが可能であることすら知らない人もいます。しかし、本書で紹介した技術をマスターしたいのであれば、そうする努力をしなくてはなりません。

たとえば、ある文章を読んでいて綴りや文法の間違いを見つけたとき、それはあくまでも自分の意見だと思いますか？　思わないはずです。なぜなら、言語にはルールがあることを知っているからです。自分の母国語に精通していない人と話せば、そのことがすぐに分かるように、ドラマという言語でもいずれ違いが分かるようになります。

ストーリーテラーとして、ストーリーという言語には独自の文法や構文があることを理解しておく必要があります。たとえば「オズの魔法使い」で、ドロシーが木からリンゴを採る方法を思いつき、次にブリキの木こりが別の方法を提案し、最終的には、実は最初から脳みそを持っていたかかしのアイデアでリンゴを手に入れたとしたら、文法的には決して褒められたものでありません。明らかに誤りであり、観客も気付くはずです。

ドラマは言語であり、その法則は守ったり、学習したり、実行に移すことができます。この言語スキルをマスターするには、ストーリー内の何に自分が反応するかを理解する必要があります。ストーリー以外で、個人的に反応するものがあるかどうかを自問してください。暴力的な内容を含む本を読み、その暴力に嫌悪感を抱いた場合は、その暴力がストーリーの骨組みを支えるために必要なのかどうかを自問します。

逆に、暴力シーンを楽しんだときも同じことを自問してください。ストーリーを伝えるのに暴力が必要だったのか？　「ゴッドファーザー」であれば、答えはおそらく「イエス」でしょう。一方、「トイ・ストーリー」であれば、答えは「ノー」になるはずです。

この質問は、台詞、衣装、背景、映像、宗教、言語、個人の価値観、政治、特定の男優または女優、特殊効果、ジャンル、音楽など、ストーリーに入り込んでいる多様な要素についても自問してください。いずれかに対して強い感情が起きるなら、ストーリーを見る視点が歪んでしまう可能性があります。

ある生徒は、悪たれ口が理由で「ET」をひどく嫌っていました。たいていの人はそんなシーンを思い出せないでしょうが、彼女にとっては映画を台無しにするのに十分でした。こうした反応は珍しくありません。ストーリーそのものとは関係のない何かが原因で、ストーリーを好きになったり嫌いになるのです。

ストーリー構成を理解したり、うまく扱えたりするようになるには、主観を排除し、客観的になる必要があります。これは容易ではありませんが、不可能でもありません。普段大切にしていることを手放すという状況は、しばらく痛みを伴います。しかし、特殊効果が目当てで映画を見たとしても、特殊効果に対する評価が作品そのものの評価に影響してはならないのです。特殊効果や映像、あなたのお気に入りの俳優にあまり関心がない人にも、ストーリーは響きますか？　ストーリー内のすべての要素が、その骨組みを肉付けし、ドラマ化するのに貢献していますか？　これらの質問にうまく答えるには、執筆家としての立場を忘れて、まっさらな気持ちで臨む必要があるでしょう。そうすれば、頭の中で曇っている部分が晴れてきます。つまり、一歩前進です。

草地の足跡を見分けられるようになるはずです。

リサ・ペルトとConcierge Marketing Inc.のチームの皆さんに特別な謝意を表します。彼らの的確なアドバイスと激励のおかげで、私は出版社を立ち上げ、多くの読者に拙書をお届けできるようになりました。

観客を惹きこむインビジブルインクの法則

2018年9月25日　初版第1刷 発行

著　　者　ブライアン・マクドナルド
翻　　訳　株式会社 Bスプラウト
発 行 人　村上 徹
編　　集　加藤 諒
発　　行　株式会社 ボーンデジタル
〒102-0074
東京都千代田区九段南一丁目5番5号 九段サウスサイドスクエア
Tel：03-5215-8671　Fax：03-5215-8667
www.borndigital.co.jp/book/
E-mail：info@borndigital.co.jp

DTP　辛島 美和、中江 亜紀（株式会社 Bスプラウト）
印刷・製本　株式会社 東京印書館
ISBN：978-4-86246-430-9
表紙画像：Sashkin/stock.adobe.com
Printed in Japan